台灣記憶系列（Ⅱ） 國家圖書館藏老明信片選粹

世 紀 容 顏

（下）

百年前的台灣原住民圖像：
日常生活、服飾、家族人物

國家圖書館印行

《館長序》

在新世紀的開頭幾年，我常思考：國家圖書館在現代台灣社會中的定位、扮演的角色，以及未來發展的走向。我們努力的成果之一，即是在今年國家圖書館四月二十日七十年的館慶中，開始啟用「台灣記憶」、「台灣概覽」資料庫。

在「台灣記憶」資料庫中，展示的是各種數位化的台灣文獻資料，諸如民國五十年代以後的電視新聞影像、二十世紀的老照片、日治時期的明信片，以及清代台灣各地的碑碣拓片等等。我們希望蒐集各種與台灣歷史有關的文字、影像及語音資料，進行整理與數位化，期盼台灣各地的在學學生與社會人士都能透過網路，不限時空，閱讀這些數位化的文獻資料。

除了網路傳佈之外，我們希望將館藏重要的文獻資料，如老明信片、古文書等，如有適合發行紙本刊物者，亦將編印成冊，既方便大眾閱覽，亦可以提供學者們作為研究資料之用。

準此，目前本館典藏日治時期明信片四千餘張，除了進行掃描、數位化之外，也根據不同主題，挑選相關的明信片，編輯成書，以廣流傳。

明信片並不是現代主流的出版品，現代人接觸到明信片的機會也不多，但在十九世紀末至二十世紀上半葉，卻是那個時代時髦的商品。明信片剛發行時，不過作為簡單信函的替代品，可是世界各地的人們卻很快地接納這種信件格式；發

展到二十世紀初，明信片的觀賞、收藏價值似已超過了它原先的書信功能，不僅在台灣、中國或日本流行，在歐美各地也都出現了明信片的發行熱潮。

本館典藏的老明信片即是上述世界性發行熱潮中的產品，在明信片的發行史上極具意義。

對台灣而言，館藏明信片上的圖像，來源雖多，但攝製的年代卻集中於1900至1940年間。撫視一張張的圖片，反映的是當時台灣在政治、經濟、產業、文化等各個層面的發展，紀錄了台灣島及台灣人民在上一世紀初期的物質與文化變遷，雖然這些圖片大部份都是日本人拍攝、日本人印製；換言之，這些可能都是殖民者留下來的資料，但對二十一世紀的台灣人而言，這些影像資料卻是屬於台灣人共有的集體歷史記憶，十分珍貴。

本書的編製由本館特藏組負責承辦，圖片的揀選、編排及文字的撰寫由陳宗仁編輯負責。附誌於此，並盼各界不吝賜正。

國家圖書館 館長 莊芳榮

中華民國九十二年十二月

《目次》

上聚

老明信片的故事◎陳宗仁撰 （國家圖書館特藏組編輯）

對現代台灣人來說，明信片幾乎是快被遺忘了的書信工具，大概只有出國旅遊的觀光客或是明信片的收藏迷還能惦記著明信片。明信片是近代社會的產品，便捷的信息往來媒介，但若加上圖像，便成為趣味盎然的觀賞品。

明信片的起源

明信片誕生於十九世紀的歐洲，世界上最早的明信片出現在1869年的奧地利（奧匈帝國），由於價廉、便利，很快地風行歐美各國，甚至隔了幾年也傳到亞洲來，1873年日本發行最早的「官製葉書（即明信片）」，1874年上海的「工部局書信館」也印製明信片，工部局（Shanghai Municipal Council）是上海公共租界的管理單位，形同市政府，由洋人所辦，當時工部局書信館的明信片每張售價二十錢；1879年香港也首度發行明信片。因此，1870年代中國、日本已有明信片流通。

最初，明信片只能在各國內部使用，1878年第二屆萬國郵政聯盟（Union Postale Universelle）大會在巴黎召開，會中協議國與國之間可以使用明信片，使得明信片更為風行，隔年日本亦發行所謂的「國際郵便葉書」。

早期明信片只有列印簡單的線條、花紋與說明文字，到了1880年代才有附加圖像的明信片，其中一面留白，可以書寫收信人姓名、地址，另一面則是圖像。

同一時期，1885年萬國郵聯同意私人印製的明信片亦可作為信件使用，商人為求明信片的暢銷，配合當時攝影技術的發展，為明信片加上各類的圖像，內容廣泛，風土民情、人物肖像、現代建築、美術作品均成為明信片的題材，十九世紀末，這類圖像明信片也流行於中國，到了二十世紀上半葉，則是圖像明信片（picture postcard）的黃金年代。

對現代人來說，什麼時代以前的明信片才稱得上是「老」明信片，似乎頗難定義，由於國家圖書館目前收藏的這批明信片均屬日治時期，因此，本文所謂的老明信片即指此而言，亦即1945年以前，在日本、台灣出版的有關台灣的明信片，而此一時期的台灣老明信片，就全球的明信片發行史來說，正處於明信片在世界各地最盛行的年代。

明信片是西洋產物，英文稱postcard，法文、德文或西班牙文的稱呼法均類似，即由post（郵寄）與card（卡片）兩字合成，日本稱為「郵便葉書」，簡稱「葉書」，由郵政省發行者，又稱「官製葉書」；加印繪畫或相片者，稱「繪葉書」。一般明信片多為單片，另有「往復葉書」，即兩張明信片，收信人收到明信片後，再將其中一片寄給發信人，等於是回條之意。

Postcard一字中文譯為「明信片」，但近年來漸有人寫作「名」信片，溯其詞源，仍以「明」信片為宜。因為早在1896年清朝官方籌辦「大清郵政官局」，當時信件種類即有「封口信」與「明信片」之別，明信片之「明」似是相對於「封口」而言。

台灣的明信片小史

　　台灣什麼時候開始有明信片？1860年開港以後，西方的商人、傳教士及外交人員均在台居住、活動，也許他們已從國外攜入明信片。

　　台灣最早的現代郵政可以追溯至1888年（光緒14），當時福建台灣巡撫劉銘傳仿照西洋郵政辦法，在台北府城設立「郵政總局」，當時信件係以重量、途程遠近計價，似乎尚未發行明信片；1895年台灣民主國時期，安平海關麥嘉林（C.A. McAllum）印製甚多的獨虎郵票，唯未見明信片。

　　從1895年開始，台灣由日本統轄，故台灣的明信片轉屬日本郵政系統，其發行、格式、稱謂均受日本影響。

　　自1873年以來，日本已發行「官製葉書」，故1895年以後，台灣應有日本官方發行的明信片流通，至於私人製作的明信片尚不允許使用；雖然1885萬國郵聯已同意私人發行明信片，但日本遲至1899年才同意私人製的明信片可以寄往外國，隔年則頒布「私製葉書」的製作規定，開放民間製造，此時日本已佔台四年，故台灣最早的私人製明信片應在1900年以後才有。另外，郵便法在1900年閏八月八日才施行於台灣，故在1900年以前，台灣即使有人使用明信片，亦應是日本印製，由日本人帶來台灣使用，但數量可能不多。

　　1902年日本發行最早的「繪葉書」，即「萬國郵便連合加盟二十五年紀念」，一套六枚，其後幾年，日本的「繪葉書」極為流行，如1904-05年間日俄戰爭爆發，日本遞信省發行以此戰爭為主題的圖像明信片，前後八系列、四十七種，引發民眾購買熱潮，每逢發行日前，徹夜排隊，等候購買。此後，日本官方、民間習於發行各種紀念明信片集，明信片迷亦在各地發起交換明信片的聚會，台灣作為日本的殖民地，亦受此風潮影響。

　　1905年（明治38），台灣出現一場明信片的交換會，地點是在台北的丸中溫泉，可見日本的明信片熱傳到台灣。當年台灣總督府亦首度發行所謂的「紀念繪葉書」（見圖一），紀念所謂的始政十週年（從1895年六月至1905年，日本在台統治已屆十年），其後每逢所謂的始政紀念日，台灣總督府會發行所謂的紀念繪葉書，另外，遇到一些重要事件，如1923年日本皇太子來到台灣，亦有紀念繪葉書。

　　明信片按書寫格式有直式、橫式兩種，日治時期多屬橫式。發行數又有單片、雙片（即收件人可再寄回其中一片）的不同，甚至有連片的形式（見圖二）。至於郵資，有直接將郵票印上明信片，大部分的明信片未附郵資，須另外購買。

圖一
台灣總督府始政十年紀念明信片之一，
圖中為當時台灣總督兒玉源太郎。

圖二
台北生蕃屋發行的雙連片「高雄港全景」，此圖係手工上彩。

就發行者而言，有官方發行，如台灣總督府，各級單位（如鐵道部、高雄市役所）、員工互助會等；有社會團體，如日本旅行協會台灣支部、日本葉書俱樂部等。私人多為書店、出版社發行，如台北的新高堂、生蕃屋、赤岡兄弟商會，高雄有南里商店等，甚至如台北的菊元百貨亦發行明信片。

日治時期的明信片，依其圖像粗細不同，可分為三類，影像最細緻者，屬照片製成的明信片，此類數量不多。其次則是用珂羅版印刷的明信片，此種卡片因未使用網版，圖像較細緻，但難以大量生產，大正時期漸為平版印刷取代，平版印刷的明信片，放大後可見明顯的顆粒。

至於色彩方面，初期為黑白影像，後來使用植物與礦物染料，手工彩繪，此類明信片別有風味。1910年代開始有彩色明信片，初期的多色印刷並不如現今之分色製版，而是印刷過程中著色，色彩不自然，到了1930年代，彩色印刷才盛行。

當時明信片圖像來源主要有三類：

1. 取自照片：如使用森丑之助等人類學者拍攝的原住民照片。

2. 取自名家手繪風景，如吉田初三郎繪製的台灣各地鳥瞰圖、矢崎千代二、立石鐵臣、石川寅治等繪畫的台灣風景，甚至台灣美術展覽會的作品亦製成明信片。

3. 取自官方海報：如呼籲增產、「貯蓄三億圓」等海報，或博覽會的宣傳海報（見圖三）。

圖像明信片的發行到了1930年代開始走下坡，可能與照片的普及有關，由於印刷術的發達，新聞、雜誌與書籍日益大眾化，甚至電影亦漸受重視，一般人比以前更容易接觸到照片、影像，使得圖像明信片發行盛況不再，銷售量下跌。

社會與攝影的對話

歷史上的每一個時代都會有那個時期的藝術表現形式，反映了當時的政經氣氛、哲學思想或是集體的審美情趣，二十世紀初期風行於台灣的明信片即是一很好的例子。

明信片是非常平民化的藝術，大量生產，任何人都可以廉價購得，很容易吸引人們的收藏，當時明信片的主題非常多樣，如名勝、美人、人物、建物、災害、事件紀念、動物、植物、藝術作品、風俗民情，容易引人注意、欣賞。

明信片的流行其實是受益於攝影技術的發展。攝影誕生於十九世紀的歐洲，1840年代此項技術隨著歐洲人傳到東方，洋人紛紛在亞洲主要商埠設立相館，賣相片賺錢。十九世紀下半葉照相技術日益進步，到了二十世紀初，攝影已能表現出較豐富的社會內容。

相片容易被人閱讀、理解，進而接受，對於攝影者來說，這是一個抒發個人感情，表達對藝術、人生或是政治問題的手法，對閱覽者來說，圖片是那麼真實、可信；對於統治者而言，則是喚

圖三 台灣總督府在始政四十週年時舉辦的台灣博覽會，這是當時的宣傳海報。

醒公眾覺悟或者是文宣洗腦的工具，換言之，不管使用者的目的是什麼，攝影使得大眾傳播變得非常便利。

　　1895年日本佔領台灣後，日本人對新領地台灣產生極大的興趣，為了統治台灣，新設立的台灣總督府固然設立各種機構，對台灣的風俗、民情進行調查，除了文字資料外，亦留存甚多攝影照片，這些照片或是存檔，或是刊於官方出版品，當然有些變成明信片上的圖片。

　　同一時期，日本學者亦受政府委託，或出於研究興趣，先後來台調查，如伊能嘉矩、鳥居龍藏、森丑之助等人，均留下甚多文字與圖像記錄；日本商人亦視攝影為時髦商品，來台開寫真館，在台拍攝照片賣錢，這些照片亦會製成明信片出售營利。

　　大約在二十世紀前三、四十年，台灣官方與民間基於各種不同目的，競相發行明信片。但是，從另一個角度看，也與當時台灣人與日本人樂於購買明信片有關。

　　當時的攝影技術雖較上一世紀成熟，但仍不普遍，當時人買明信片，與其說是為了通信，不如說是為了明信片上的圖片。對日本人來說，台灣是個新奇的領土，島上的南國風光令日本人感到好奇，來台工作或遊歷的日本人可以買些明信片寄給家鄉的親朋好友，作為紀念。而對台灣人來說，明信片同樣是時髦的商品，加上當時旅遊的風氣並不普遍，明信片上的都市建築或是原住民的人像、服飾，同樣引人注目。人們不再仰賴道聽途說，而是可以依靠影像見到寫實的景物。

古今之變

　　目前國家圖書館典藏的日治時期明信片總數約有四千餘張，內容極為多樣，有台灣漢人、原住民的人像照、傳統的風俗習慣、清末舊街，也有二十世紀的新式街道、歐式建築，或是巨大的客輪，各地的博覽會等，反映了二十世紀上半葉的台灣風貌，不過內容雖多，卻大致圍繞著兩個主題：日本人眼中的奇風異俗與殖民地建設成果的宣揚。

　　現代人要以怎樣的心情欣賞這些老舊明信片，也許有人喜歡這些明信片圖像中特有的美感，一種消逝的、不復見的情懷，但又好像與兒時記憶有些糾葛；有些人特別喜愛使用過的老明信片，數十年前的某人在明信片留下一些私人訊息，讓後代的人們有種窺探當年生活的樂趣；又或者有些人是為了學術的目的，想在老明信片的圖像中找到蛛絲馬跡，探索無言的前塵舊事。

　　影像中的那個時代已經過去了，整個時空環境早已改變了。明信片是種無名的藝術，是某個時代、某個區域人們的集體趣味，它們曾經是某個個人的私有物，但它們的風格是屬於那個時代。置身於二十一世紀的我們，撫視著泛黃的老明信片，是否會想在一張張的影像間拼湊出上一世紀的風華容顏。

　　用影像解讀歷史，用歷史解讀影像，老明信片留待讀者們的品味與觀賞。

影像中的台灣原住民 ◎陳宗仁撰／國家圖書館特藏組編輯

我們與台灣原住民的關係可以說是既親近又陌生。在我們生活周遭，從學校的同學到辦公室的同事，可能都有一、兩位是原住民；與我們朝夕相處，我們往往不會意識到他們的原住民身份，或許彼此並不覺得這樣的身份有什麼值得重視，但如果有機會接觸到台灣原住民的歷史文物時，我們可能會很驚訝的發現，原來這是多麼特殊的族群。

台灣的原住民屬於所謂的「南島語族」，他們在地球上分布的範圍非常廣，橫跨兩大洋

圖一　台灣的原住民「南島民族」

——太平洋與印度洋。他們是擅長航海的族群，居住在沿海的地域或海中島嶼，當然也包括台灣島，語言學者認為他們的語言有某種類似性，似乎有著共同的祖源，逐命名為「南島語族」。

台灣島上的原住民族群雖多，其語言仍屬南島語系，只是定居在台灣或移民來台的時間並不一致，有些族群在台灣居住的歷史可能有數千年以上，如泰雅族；有些一、二千年前或數百年前才來到台灣，如阿美族、達悟族（雅美族）。（見圖一）

南島語族在台灣已有數千年以上的居住歷史，他們的聚落早已遍布全島各地，從海岸、平原，到丘陵、高山，都有著大大小小的原住民社群生養其中，有些村社只有數十人或上百人，多者可達千人以上。

由於原住民自身沒有文字記載的傳統，近代又受到外來文化的衝擊，我們如果想了解台灣原住民的傳統生活樣貌，現在只能根據考古發掘、外人的文字描述以及歷史圖像。

外人眼中的原住民歷史

據考古學者說，台灣島最早有人類居住，大約可以追溯至三至五萬年前，這些人被認為是舊石器時代晚期的人類，但至今僅殘留些許骸骨，我們很難推想這些台灣早期住民的面貌或生活情形。

距今六、七千年前，台灣海岸出現一些新石器時代的人類，留存一些遺址，學者稱之為「大坌坑文化」，這些遺址的主人可能屬於「南島語族」，也是目前台灣部份原住民的古老祖先。

他們在台灣居住了幾千年，直到十六、七世紀之際，台灣的原住民面臨了前所未有的巨大挑戰，強勢的族群在此時紛紛來到台灣島，這些外來者有的來自中國、日本，更遠的來自歐洲的西班牙與荷蘭，這些族群先後帶來新的物質文化與思惟方式，例如：使用火槍與大炮作戰、使用金屬貨幣交易、向被統治者收稅、新的文字書寫、新的神明與信仰　，這些外來人同時也用文字描述他們眼中的台灣原住民。

圖二
這是台灣東部阿美族人的服飾，圖中男子亦是頭戴白色羽冠，上身赤裸。

　　1582年有艘葡萄牙船在台灣北部海岸觸礁，船上的商人、傳教士棄船上岸，遇見了台灣原住民，據記載，有大約二十名住民接近他們，這些人赤裸上身，腰際僅圍著一條布，頭髮披散及耳，部份人的頭上插著白色的東西，像頂皇冠。這些原住民帶著弓與長鋒刃的箭，不發一語，開始撿拾漂上岸的布料。（見圖二4454）十七世紀初中國的文獻《東西洋考》對台灣北部的原住民，有著生動的記載：淡水的原住民較貧窮，賣東西的價錢較平實，雞籠的原住民較富有，卻慳吝，東西賣出後，隔天還會吵著買主再多給些錢。

　　同一時期，有位中國文人曾隨明朝水師來台，他見到外來商人在台活躍的情形，憂慮地寫道，原住民「自通中國，頗有悅好，姦人又以濫惡之物欺之，彼亦漸悟，恐淳朴日散矣。」

　　除了商人之外，外來政治勢力亦先後進入台灣，1620年代以後，先是荷蘭東印度公司佔領台灣南部，西班牙人接著佔領雞籠、淡水，1660年代鄭成功帶兵來台，取代荷蘭人的統治，1680年代清朝將台灣收入版圖。政權幾度變化，文獻對原住民的記載越來越清晰，但原住民面臨的挑戰也越來越大。

　　十八世紀中國人大量移民來台，對台灣原住民的認識逐漸加深，將各地原住民區分為不同的社，據原住民的自稱或居住地點，賦與社名，如北投社、大雞籠社、新港社；同時，又根據原住民是否歸降清朝，區分為熟番(土番)、歸化生番、生番(野番)，另外亦以居住地的不同，分別稱之為平埔番或高山番，意思是住在平地或山地的原住民。

　　從十八世紀以後，有關原住民的文字資料很多，特別是漢人與原住民的土地買賣契約、漢人對原住民生活的描寫，以及官方有關原住民的統治與報告，但由於平地原住民與漢人混居，衣著、語言均學漢人，文化逐步流失、消逝，只有漢人眼中的「生番」——山區與東部台灣的原住民，因為與外界的接觸較少，尚能保有族群的傳統文化。

現代化與殖民地化

　　十九世紀中葉以後，所謂的「生番」亦面臨新的挑戰，清朝官方為了開發山地的資源以及將原住民納入統治，施行所謂的「開山撫番政策」，軍隊進入山區，開築山道，與原住民戰爭，部份山區原住民被迫歸降，進而薙髮、易服，接受漢文化的教育。

　　1895年日本佔領台灣，日本人最初忙於與平地漢人的戰爭，1902年以後，平地的局勢較為安定，逐漸重視所謂「蕃地」問題，尤其是蕃地的開發，如伐木、採礦及煉製樟腦，以增進台灣總督府的收益，而「蕃人」，特別是「生蕃」，被認定是日本開發山地的障礙。1907年台灣總督府展開大規模的「理蕃」五年計畫，動用現代化的軍隊，拖著山砲，進入山區作戰，在剿撫並施的策略下，獨自生存數千年的台灣原住民社群逐漸歸順。

台灣的山區開始出現日本軍人、警察及官僚，伴隨這些人的是軍營、分駐所、學校、交易所等新式建築，散布於台灣山區，台灣全島已成為日本帝國殖民統治的一部份。原住民開始學習日語、穿和服，小孩上新式學校，原住民社會邁向現代化與殖民地化，代價是傳統文化的變異(見圖三)。

受到西方人類學影響的日本學者，如鳥居龍藏、伊能嘉矩、森丑之助等人，亦對台灣原住民感到興趣，他們受官方或學術機構的委託，進入台灣山區，對各地原住民進行調查，他們使用人類學的分類方式，按體質、文化、語言等異同，將所謂的「高山番」原住民區分為七族，後來台北帝大土俗人種學研究室的移川子之藏等學者又提出九族的分類方式，即現代人習稱的「泰雅、布農、排灣、鄒、賽夏、魯凱、卑南、阿美、雅美(達悟)」等族。

九族的分類原本只是學者的看法，但統治者亦接受這些分類與族稱，沿用至今，已成為一般人對原住民的稱呼習慣，甚至連台灣原住民自身亦認同這樣的族名，當然也有原住民不接受這樣的稱呼，如台灣東部的泰雅族人認為自己是「太魯閣族」、蘭嶼的原住民主張自己是「達悟族」。

以現代人的角度來看，認為台灣原住民分成「高山族」、「平埔族」，這樣的看法是不正確的，不論是高山或平地的各族，彼此間是不相同的。至於泰雅族或布農族等族稱，雖然是通用百年的稱呼習慣，但在過去的數千年來，台灣原住民是生活在自己的社群中，主要的群體認同亦限於其村社，而非廣泛地認同「泰雅族」、「排灣族」之類的概念。

圖三
在「蕃童教育所」上課的原住民小孩，他們身處日式的教室，穿著日式衣服，接受日本老師的教導。

影像中的台灣原住民

二十世紀初期，日本人的統治迫使台灣原住民從傳統進入現代，在這個過渡的時刻，原住民在殖民者的鏡頭前，留下了他們的影像，亦即本書中的原住民圖像即出現於此一時期。

自十七世紀以來，外人對原住民的描述，一直是停留於文字書寫。十九世紀中葉，台灣幾個主要港口開放為通商口岸，西方的商人、外交人員及傳教士來台工作，西方文化也隨之傳入台灣，其中包括當時還在發展中的攝影技術，使得對原住民的記載，出現了影像資料。

十九世紀的西方攝影師們受到異民族的風土民情所吸引，在各地留下一張張的照片，台灣的原住民自然也成為他們拍攝的素材(圖四)，不過當時攝影器材相當笨重，政府的統治力量尚未進入深山，因此，有關原住民的影像多半與平埔族群有關。

到了十九世紀末，日本人佔領台灣後，為了「理蕃」，台灣總督府主導各種調查計畫，留下很多的文字記錄與影像資料，使得有關台灣原住民的記載，不再停留於文字的描述，開始有了形象化的圖像。

這些原住民圖像很快地透過各種出版形式，如書籍、寫真帖、明信片等，流傳到社會大眾，由於銷路良好，使得出版商人亦樂於發行與原住民有關的出版物，特別是原住民圖像的明信片。

圖四
十九世紀末傳教士馬偕與宜蘭泰雅族人合照

（客閣）角板山蕃童教育所
The School for Young Savages, Kappanzan, Formosa.

　　當時的商人為了利潤而生產這些明信片，一般人由於對原住民感到陌生和新奇，加上明信片價格低廉，而購藏這些明信片，買賣雙方大概都沒有料想到，在台灣原住民文化面臨大轉變的關鍵時刻，他們販賣或購買的這些日治時期明信片上，正留存著的原住民們的圖像，珍貴而具體地保留了二十世紀初期原住民的情貌。在這些明信片上，我們見到穿著雲豹皮外衣的頭目影像、見到頭骨架子上數十個風吹日曬的人頭骨；此外，還有更多的影像有關他們的狩獵、農耕、建築、服飾、飲宴、舞蹈及樂器等，這些均鮮明的展現在二十一世紀的我們眼前。

　　國家圖書館收藏的日治時期明信片中，約有八百餘張印製著原住民的圖像，可分為以下類別：番人家族、汲水、狩獵、武裝勇士、殖民統治、顎面與拔牙、飲酒、舞蹈、飲食、獨木舟、頭目、製陶、農耕、獵首、樂器、搗米、織布與縫紉、搬運、建築、服裝。

　　為求廣為流傳這些珍貴的圖像，本館從八百餘張的老明信片中，挑選四百餘張，分成兩冊出版，本冊明信片二百一十九張張，內容可區分為三篇：生活、服飾、家族人物，大多是與原住民女子有關的圖片。

　　1.日常生活篇：本類圖像一百零八張，又可分為六個子類，分別是農耕、搗米、製陶與汲水、飲食、樂器、飲酒與舞蹈等。

　　2.服飾篇：本類圖像九十三張，細分為四個子類，分別是織布與縫紉、日常服裝、盛裝、身體毀飾等。

　　3.家族人物篇：本類圖像有十八張。

　　十九世紀中葉以來，台灣山區及東部台灣的原住民面臨國家權力的衝擊，軍人、官僚、商人、學者紛紛進入原住民區域，近百餘年來，此一趨勢有增無減，原住民的傳統文化亦快速變異。

　　本書影像中的原住民，是日本人統治台灣初期，仍明顯保留其語言、文化的原住民，但這些圖像並不純然是客觀真實的反映，圖像的背後，展現的是日本人（異族）或攝影者（他人）所感興趣的主題，涉及他們對原住民的看法及意識形態。只是這些殖民者留下的影像紀錄，對於生活在後殖民時代的我們來說，具有怎樣的意義？

　　我們持續表達對帝國主義暴行的抗議，反對任何形式的殖民的統治，但在慷慨激昂的民族情緒之外，也不妨平心靜氣地瀏覽這些殖民者、外來者留下的影像資料。即使拍攝時的觀點有偏頗，編印時的選擇有特殊意圖，但畢竟，百年之後，這些是我們先人僅存的珍貴圖像，也是當代人重構自身族群記憶的依據。

原住民的日常生活

《第一篇》

一、變動中的農業耕作

原住民傳統的生產活動，主要是農耕與狩獵。農耕的方式採取粗放輪耕、燒墾，作物有粟、陸稻、蕃薯、芋頭、及玉米。

粟，又稱小米，在各種作物中，原住民種植小米的歷史最悠久，除平常食用外，亦拿來釀酒，由於小米被認為是傳統而神聖的作物，從整地、種植，一直到收割、入倉，各族都有一些禁忌與儀式，如阿美族、達悟族、鄒族、布農族、泰雅族等均有與小米有關的播種祭、收割祭之類的祭祀儀式。

台灣的原住民亦種植稻米，不過稻米的品種、種稻方法及貯藏方式均與漢人不同。漢人習種的是水稻，農人要先育苗，再插秧，稻米長成後則經打穀的過程，貯存稻穀。原住民種植的是陸稻，耕種時，直接播撒稻種於田，不施肥，收割稻穀的時候，割取稻穗，捆綁成束後曬乾，貯藏在穀倉，等到食用時，再取出稻穗，舂搗成米。清代文獻《台海使槎錄》描寫平埔地區的原住民：「每歲種植，只供一年自食，不交易，價雖數倍，不售也」，即農業生產是以自給自足為主。

日本人佔領台灣以後，希望原住民放棄原先的生活方式，如燒墾、狩獵等生產活動，教導原住民改種植水稻，一方面這是對統治者有利的生產活動，台灣總督府可以徵收稻米，另一方面，定耕農作使得原住民難以移動，方便日本人管理。

本類圖片共有十六張，大致分為三類，排列在前的是傳統農事耕作的圖片，有六張，其次是原住民學習、種植水稻的圖片，有七張，最後三張是原住民農產品的圖片。

外出耕作的阿美族婦人
圖中婦人背負籠子，籠中
有汲水用的竹筒，口銜煙
斗，準備到旱田裡挖掘芋
頭。本張明信片約於1910
年代發行，在日本印製。
藏品編號：4014

Old Woman of Aborignes, Formosa.
【不許複製】臺灣生蕃アミス族老婆ノ出耕 (八ノ二)

臺灣生蕃パイワン族蕃婦の出耕

外出耕作的排灣族婦人
本張約於1920年代發行。
藏品編號：4144

種播稻陸人番下廳園桃

播種陸稻的桃園泰雅族人

本張約於1920年代發行，在日本印製。

藏品編號：4790

在小米田除草的桃園泰雅族人

圖中人物屬於泰雅族Gaogan群。Gaogan
群或譯為卡奧幹，文獻上寫作合歡群、
高崗群，主要分布在桃園縣復興鄉一
帶。本張約於1920年代發行。

藏品編號：4003

WEEDING OF MILLET FIELD SAVAGES.　　草除ノ畑粟蕃シガオカ郡溪大州竹新

(147) 行發店商里南　　　穫收の粟蕃生

採收小米的泰雅族人

本張約於1920年代，在日本東京印製，「南里商店」發行。

藏品編號：4012

採摘稻穗的泰雅族人

本張約於1910年代發行，在日本東京印製。

藏品編號：4004

（源田平尾製）　(4.6)　SAVAGES HARVESTING RICE, FORMOSA.　蕃ノ人稻穗摘

FARMING GUIDANCE OF RICE-FIELD. 作耕田水所導指事農人蕃社ンプハ山板角郡奚大州竹新

正接受水田耕作指導的泰雅族 Habun社人

Hapun社，今稱合流，位在桃園縣復興鄉。本張約於1920年代發行。

藏品編號：4005

耕作的原住民

原圖說明：「番人也漸漸有自覺，脫離舊有的習慣而開始從事耕作的人佔了大部分」。本張約於1920年代發行。

藏品編號：4589

正在插秧的泰雅族人
本張約於1920年代發行。
藏品編號：4006

（臺北州）植 田 人 蕃

耕作的泰雅族人
原圖說明：「番人也漸漸有自覺，脫離舊有
的習慣而開始從事耕作的人佔了大部分」。
本張約於1920年代發行。

藏品編號：4589

CULTIVATION GUIDANCE OF SAVAGES.　新竹州大溪郡角板山社蕃人水田耕作ノ指導

蕃人ノ田ノ草取リ

在水田除草的鄒族人
本張約於1920年代發行，有「昭和七年
九月十日阿里山登山紀念」戳記。
藏品編號：4621

SAVERGIS IN FORMOSA.

蕃生類蕃（農夫と水牛）

泰雅族農夫與水牛
本張係實寄片。本張約於1920年代，
台中「棚邊書店」發行。
藏品編號：4007

23　Cultivating rice field by Savages, Formosa,（臺灣）　蕃人の水田耕作
狩獵を部として居た彼等も今日は斯く立派な水田を耕作する樣になりました

在水田耕作的泰雅族人
原圖說明：「除了狩獵以外，他們現在也能熟練地耕作水田。」本張
約於1930年代，台北「台灣物產館」發行。
藏品編號：4001

泰蜀の食常と屋藝（習郡世𥦜𥦜）

布農族人與種植的玉
蜀黍
本張約於1920年代發
行。
藏品編號：4592

排灣族原住民的農產展

圖中上層木架擺有小米，中層有芋頭。本張約於1920年代，在日本印製，台北「藤倉商店」發行。

藏品編號：4013

An exhibition of agricultural products by savage, Formosa. 　臺灣生蕃人の農產會

（臺灣）　鳳梨　Pineapple
渺茫數里の沃野に斯くして增はれる實に見事な光景ではありませんか

鳳梨田

原圖說明：「綿延數里的肥沃田野上滿滿的都種植了鳳梨，這樣的光景難道不是非常了不起的嗎？」本張約於1920年代，台北「生番屋本店」印行。

藏品編號：4002

原住民的日常生活

《第一篇》

二、清晨的搗米時刻

原住民將稻穗收割後，經過曝曬，便收藏在穀倉中。每天清晨要煮食時，再取出所需的稻穗，舂杵去殼。所以，台灣各地原住民均有杵、臼等舂米工具。

這些舂米器具多為木製，各族的器形不大一樣，如泰雅族的木臼，口淺、腰細，與其他各族較為不同，鄒族、邵族的木臼外形幾呈直筒狀。舂米的杵多為木製，長度約八十公分，杵的中段較為細小，方便手執，杵的器形，各族亦有不同。

本類圖片有二十三張，按族排列，泰雅族的圖片最多，有十一張，其餘依序有邵族、鄒族、排灣族及阿美族人搗米的圖片。

Pounding millet by Savage Girls. Jitsugetsutan

Y. 227　搗粟

搗粟

搗粟の蕃化深の番月日
Pounding millet by Savage Girls, Jitsugetsu-t

搗粟の人番

搗米ノ姨蕃社ホパ一灣臺
ABORIGINES IN TAIWAN,

搗米的泰雅族Ebaho
社婦人
Ebaho社可能係桃園縣復
興鄉的Ebopou社。
本張明信片約於1920年
代,在日本東京印製,
台北「新高堂」發行。
藏品編號:4022

89　SAVAGES OF FORMOSA.　臺灣ガオガンシ蕃婦の米搗

搗米的泰雅族Gaogan群婦人
本張係實寄片，Gaogan群，或寫作合歡群，主要分布在桃園縣復興鄉
一帶。本張約於1920年代，台北「新高堂」發行。

藏品編號：4024

搗小米的泰雅族Ririyon社人
本張約於1920年代，台北「新高堂」發行。

藏品編號：4031

搗小米的泰雅族Ririyon社人
Ririyon社在新竹縣尖石鄉玉峰村。本張約於1920年代發行，在日本印製。

藏品編號：4033

SS　SAVAGES IN TAIWAN.　臺灣バロン社蕃婦の米搗

搗米的泰雅族Baron社婦人
本張約於1920年代，在日本東京印製，台北「新高堂」發行。
藏品編號：4023

Chest-nuts by female savages of Ataiya trive. (5)　臺灣アタイヤル族生蕃の女栗搗

搗小米的泰雅族婦人
本張約於1920年代發行，在日本印製。
藏品編號：4025

搗小米的泰雅族
Marikowan群婦人
Marikowan群指居住於南
投縣仁愛鄉力行村及新
竹縣尖石鄉玉峰村一帶
的泰雅族人。本張約於
1930年代，在日本印
製，新竹「犬塚商店」
發行。

藏品編號：4036

人蕃ンワコリマ

搗小米的泰雅族婦人
本張約於1920年代發行
藏品編號：4032

Y. 227　　　搗　粟

搗小米的霧社泰雅族婦人
本張約於1930年代發行
藏品編號：4680

（族ルヤイタ）達娘く搗を粟

搗小米的泰雅族瑞岩
社少女們
此圖人物係屬泰雅族
Masitoban社（今稱瑞岩
社，在今南投縣仁愛鄉
發祥村）。本張約於1920
年代，在日本印製，台
北「騰山寫真館」發
行。

藏品編號：4027

搗小米的泰雅族婦人
本張約於1930年代，台北「生番屋商店」
發行。
藏品編號：4034

搗粟の蕃芽族アマイタ（臺台）
972 POUNDING MILLET BY SAVAGE WOMEN. FORMOSA

日月潭化蕃の粟搗き
Pounding millet by Savage Girls, Jitsugetsu-tan

搗小米的原住民婦人
本張約於1930年代發行。
藏品編號：4028

搗　粟　の　人　蕃

搗小米的邵族婦人
本張約於1920年代發行。

藏品編號：4610

日月潭化蕃の由來

持杵棒的邵族婦人

原圖木牌說明:「化蕃的由來　距今一百四十五年前,靈元天皇天和元年的春天,原來為嘉義廳下大埔豬母𦍡社的番丁二十四人,在八通關山及巒大山一帶狩獵的時候發現一頭白鹿,白鹿往東北的方向逃逸,跟隨著鹿的足跡而發現了本潭(指日月潭),之後便移居於此。昭和九年七月　現在戶數三十戶　人口男六十五人　女五十八人」。本張約於1930年代發行。

藏品編號:4615

キ搗粟ト屋家人番

搗小米的阿里山鄒族婦人
本張約於1920年代發行，有「昭和七年九月十六日阿里山登山紀念」
戳記。

藏品編號：4622

Y 153.　搗粟ノ婦蕃族ミア灣台

搗小米的阿美族婦人
本張約於1920年代發行。
藏品編號：4026

SAVAGES OF FORMOSA.

搗小米的排灣族婦人
本張約於1920年代，台南「小出書籍部」發行。
藏品編號：4018

搗小米的排灣族婦人
本張約於1920年代發行。
藏品編號：4016

搗粟の人　者（○台灣地者の潛灣）

搗小米的排灣族人

此張圖片的人物盛裝打扮，搗小米的地點選在掛滿獸類頭蓋骨的架子前，這種場景似乎是攝影者特意安排，而不是原住民平常的習慣。本張約於1920年代發行。

藏品編號：4594

搗小米的排灣族婦人

本張係照片圖像。

藏品編號：4135

（79）　（有裂店書倉藤）　HULLED ITALIAN MILLET.　搗粟ノ女社蕃東台

搗小米的排灣族婦人

1905年9月森丑之助所攝，圖中乃排灣族Tokubun社婦女舂搗小米的情
景，左側是他們的住家，右前方是穀倉。Tokubun社在今屏東縣三地門
鄉德文村。

本張約於1910年代，在日本東京Sekishindo印製，台北「藤倉書店」
發行。

藏品編號：4030

搗小米的原住民婦人

原圖說明：「對於在台灣的旅行者來說，番人的生活確是一個注目的焦點。用著傳說是從月亮上跟兔子借來的杵及臼，在茅草層疊的番屋前工作著的番人，看起來就如同從神話時代的畫卷上走出來的人物一般。」本張約於1920年代發行。

藏品編號：4021

This picture shows a mistress of aborigines pounding millet, which is the daily food of aborigines, before their morning meal.
TAIWAN

昔の春るな閑長

搗小米的原住民婦人

原圖說明：「(番地風俗)在霧靄瀰漫的山谷番地中，聽到了平和的搗粟米的聲音，就像是讓週遭瞬間明亮起來一般的動聽。配合著閒適的番歌，清早便搗著粟米餅作為早餐的番婦，這樣的風景如同詩歌一樣的優美啊。」本張約於1930年代發行。

藏品編號：4562

原住民的日常生活

《第一篇》

三、製陶與汲水

原住民聚落常選擇在臨溪的山坡地，但不會離溪水太近，以免遭遇水災；每天生活所需的水，靠人到溪邊汲取、搬運。汲水使用的器具有陶壺、竹筒、葫蘆、椰殼等。

平原地區的原住民如阿美族婦女使用陶器盛水，他們用頭頂著陶壺，運水回家。

在台灣的考古遺址中經常可以發現各式各樣的陶器，但是泰雅族、賽夏族似乎沒有製陶工藝，其餘各族製陶技術則多失傳，到了二十世紀初期，只有阿美族與達悟族仍持續地製作陶器。

阿美族的陶器係由女性負責製作，製陶的過程，首先是採泥、搗泥，再揀去泥中雜物，然後捏塑器形，此時使用托盤作為底座，用木製的陶拍修整器形。等到粗坯完成後，放置在室內四、五天，等待陰乾。

原住民並不造窯，而是在室外空曠處，以樹枝、乾草焚燒陶器。

達悟族亦製陶，是由男性製作。陶器不僅可以用來盛水，亦可貯物、煮食等，也可以拿來與其他族群交易物品。

本類圖片共有十張，有六張是阿美族婦人製造陶器、用陶器運水的圖片。

居住在山區的原住民普遍使用竹筒汲水，他們在溪流中堆積石頭，築成蓄水池，然後用瓢、半截的椰殼或短竹筒取水。

汲水的竹筒係用粗麻竹製作而成，盛水的竹筒長約一公尺，原住民將竹筒中的竹節打通，僅保留底部竹節，竹筒外加繩索，方便提取。盛水的竹筒帶回家後，放置在屋內角落，竹筒內的水經過沈澱，即可使用。

除了用人力運水外，有些部落使用竹管引水到聚落內的水池。

由於台灣山溪多涓滴細流，加上山徑崎嶇，使用竹筒汲水、運水有其便利性，不僅原住民使用此一方式，甚至日本佔領台灣以後，在山區駐守的「討伐隊」、「蕃界警備員」等亦採用這種取水方式，不過幫日本人運水的，當然還是原住民。

本類有四張使用竹筒、竹管運水的圖片。

製作陶器的阿美族婦人

原圖說明：「簡單的用火燒出來的陶器，卻有著各種不同的用途，像是裝水、煮飯、祭祀用等等，隨著形狀不同而有所區別。」

本圖為1914年10月森丑之助所攝，圖右側的葫蘆形器物係蒸食物的陶甗，最左側的陶器則是煮食物所用，中間帶耳的三個陶器用來汲水，圖中央較小的陶器為祭器，作為殉葬品，埋於墓中。祭器旁有一編籃，籃中器物應是製陶所用的器具。圖中這些陶器應是粗坯，尚待陰乾、燒烤。本張明信片約於1920年代，台北「生番屋本店」印行。

藏品編號：4139

製作陶器的阿美族Kalimagali社婦人

本張約於1920年代，在日本印製，台北「騰山寫真館」發行。

藏品編號：4099

by Ami woman, Formosa. (臺灣) アミ族女子の土器製作

用ひた土器は種々の用途に用ひられます。

汲水的阿美族奇密社婦人

圖中人物屬阿美族奇密社，在今花蓮縣瑞穗鄉奇美村。本張約於1930年代發行。

藏品編號：4649

女も汲を水　　　族 ミ ア（人番の灣臺）

汲水的阿美族奇密社婦女

原圖說明：「汲取每天要用的水似乎很簡單，是卻是非常重要的工作，必須從兩千尺甚至是三千尺深的山谷底將水提上山。」

1914年10月森丑之助所攝，原圖為黑白照片。右側少女穿著漢人式樣的上衣，另兩位則是傳統的族群服飾。本張約於1920年代，台北「生番屋本店」發行。

藏品編號：4057

9 Carrying water by Ami women, Formosa.　（臺灣）アミ族婦女子の水汲
簡單に一口に水汲みと言ひますがこの水汲は毎日の大した仕事なのです
兎に角二千尺も三千尺か下の谷底から汲んで上るのですから。

花蓮阿美族里漏社婦人

里漏社在今花蓮縣吉安鄉化仁村。本張約於1920年代，台北「赤岡商會」發行。

藏品編號：4059

花蓮阿美族里漏社婦人

此張照片人物與上張相同，但取景角度略異。約於1910年代發行。

藏品編號：4060

生蕃の風俗　　　（臺灣）

汲水的原住民

本張約於1920年代發行。

藏品編號：4052

幫日本人汲水的原住民

本張約於1910年代發行，在日本印製。

藏品編號：4054

飲料水ノ乏シキ生蕃人ヲ指揮シテ竹筒ニ水ヲ汲ミ笠山ルス光景

Woman of Aborignes, Formosa.

（二ノ四）汲水ノ族蕃ンワイパ蕃生灣臺　【製複許不】

汲水的排灣族婦人
本張約於1910年代發行。
藏品編號：4053

VIEW OF PICTURESQUE SPOT TAIWAN.

蕃　人　風　俗

汲水的泰雅族婦人

本張約於1920年代發行。

藏品編號：4056

原住民的日常生活

《第一篇》

四、用手與匙吃飯

原住民的主食以小米、稻米為主，另有芋頭、蕃薯等。

他們通常很早起床，起床後即升火，準備炊食。十七世紀末的文獻《裨海紀遊》記載原住民用餐的情形：「地產五穀，番人惟食稻、黍與稷，都不食麥。其饗餐不宿舂，曉起待炊而舂；既熟，聚家人手摶食之。」

他們起火的方式有攢木取火，或以鐵擊打礎石，晚近才使用火柴，這些火柴是與漢人交易所得。原住民爐灶的構造很簡單，使用三根支柱，或石製、木製、陶製等，炊具則是使用陶器或與漢人交易來的鐵鍋，架於支柱上，然後將搗舂過的粟米、野菜放入。

吃飯時，一家人圍著鍋子，用手或木匙取食，《台海使槎錄》記載南部平埔族群吃飯的情形：「不用箸，以手攫取。近亦用粗椀……竈……支三木，泥以上，或用石鵠，……飲食宴會，蹲踞而食。」意思是原住民用餐時並不使用筷子、刀叉，而是蹲在鍋子旁邊，用手從鍋子抓取食物，或是用匙舀取。

匙的材質有三種，達悟族使用椰子殼製匙，泰雅族使用竹匙，木匙則見於台灣南部的原住民族群。

本類圖片有十八張，第一張是原住民鑽木取火的情景，是相當珍貴的圖像，第二張是原住民在野地烤芋頭；其餘十六張均是用餐的圖片，按族別排列，先後有泰雅族、布農族及排灣族。

（行發部賣販館灣臺會進共回十第）　ス起ヲ火テ採ヲ木蕃生

排灣族人鑽木取火

本張明信片約於1910年代，「第十回共進會台灣館販賣部」發行。

藏品編號：4712

（行印會商岡赤 北台）BARBARIANS TARAKAASU　（事食テ燒ヲ芋）活生蕃スッカラタ　俗風人蕃灣台

Tarakaasu原住民烤芋頭作為食物
本張約於1920年代，台北「赤岡商會」印行。
藏品編號：4038

24 Savage Family at Table, Formosa（臺灣）蕃人の食事

用餐的泰雅族人

原圖說明：「一天三餐，其中一次是米飯，其餘兩次是以芋頭為主。
圖中是在自己搭建的竹屋前快樂晚餐的一家人，圍在鍋子邊的是五雙
筷子（手）。」本張約於1930年代，台北「生番屋本店」印行。

藏品編號：4281

MEAL OF SAVAGES.　事食ノ人蕃及社蕃ンガオガ郡溪大州竹新

用餐的桃園泰雅族人
本張約於1920年代發行。
藏品編號：4048

171　Custom of Formosa.　家住卜人蕃生社イワウ（灣台）

用餐的泰雅族烏來社兒童
用餐中的小孩，有的用傳統的木匙，有
的使用碗、筷。烏來社屬泰雅族屈尺
群，在今台北縣烏來鄉。本張約於1910
年代發行，在日本印製。
藏品編號：4044

霧社泰雅族人在開滿
櫻花的樹下吃飯
本張約於1920年代發
行。
藏品編號：4115

（行發會商岡赤）　MEALS OF SAVAGE TAIWAN.　事食の人蕃社霧　（灣臺）

用餐的霧社泰雅族人
本張約於1920年代，台北「赤岡商
會」發行。
藏品編號：4045

The Meal of Taroko savage trive, Formosa. (10)　事食の蕃生コロタ灣臺

用餐的泰雅族太魯閣群原住民
本張約於1920年代發行，在日本印製，
台北「藤倉商店」發行。
藏品編號：4041

吃飯、飲酒的原住民

本張約於1920年代發行。

藏品編號：4595

用餐的布農族頭目家族

本張約於1920年代，台北「生番屋本店」
印行。

藏品編號：4050

67　THE SAVAGES FORMOSA　蕃生族ンタブ　灣臺

（大朝南天堂）　新高屋　飯食の人蕃社ルヤイパ族蕃生灣臺

用餐的排灣族人
本張約於1920年代發行，在
日本東京的「新商堂」印製。
藏品編號：4040

蕃人ノ食事

ル作ヲ袋蕃生婦族ンワイパ

右：排灣族婦人在製作袋子
左：用餐的排灣族人
本張圖片與上一張是在同一場景所攝，
被拍的人相同，只是動作略異。本張約
於1920年代發行。
藏品編號：4042

用餐的排灣族人
本張約於1920年代發行。
藏品編號：4591

用餐的排灣族人
原圖說明：「番人因為沒有時鐘的關係，所以聽到雞啼就起床，在日出之前便會吃完早飯，晚上又因為燈光不足，所以大約七、八點便入睡。燈火大抵是用松樹的枝幹。食物主要是在水中加入鹽，煮些青菜、嫩枝芽或者是雜草。副食則有小米、小黍、稗、米等，魚或是鳥獸的肉只有在特別的場合才能吃的到，也可能是特別的招待。」本張約於1920年代發行。
藏品編號：4049

A family of aborigines taking their cheerful meal. Millet and subsidiary articles are seen being boiled in a pot and a meal-bowl like a wawash-basin.　　TAIWAN

樂し き 一家

番人たちにも一家團欒の歡びがあるらしい。寫眞は樂し
く朝飯を食べてゐる一家。洗面器がないとは思はれるやう
な食器に栗と副食物がゴッチヤに煮られてゐる。
●蕃地風俗●

臺灣

一家人吃飯

原圖說明：「番人們似乎也有一家團圓的歡樂氣氛。照片是一家快
樂的吃著早飯。沒想到他們沒有洗臉盆，鍋子同時也是餐具，煮著小
米與副食Gotsucgiya。」

以上三張應是在同一場景所攝，只是當時攝影者至少拍了兩張照片，
所以人物動作略有不同。本張約於1930年代發行。

藏品編號：4565

一家團欒しての食事
（パイワン族）

排灣族Kulalao社一家團圓在吃飯

Kulalao社在今屏東縣來義鄉古樓村。本張約於1920年代，在日本印製，台北「騰山寫真館」發行。

藏品編號：4102

用餐的排灣族三地門社原住民
本張係照片。排灣族三地門社在今屏東縣三地門鄉。
藏品編號：4134

用餐的布農族頭目家族
本張約於1920年代，台北「生番屋本
店」印行。
藏品編號：4050

原住民的日常生活

《第一篇》

五、傳達情意的音樂演奏

原 住民的樂器主要有口簧琴、弓琴、口笛及鼻笛等。

口簧琴是將長條形竹片削薄、穿孔，鑲入黃銅製或竹製簧片，簧片的一端固定在琴身，另一端懸空。琴身繫上細繩，演奏時，拉扯細繩，觸動簧片，發出乒乓的聲響。

弓琴亦是常見的樂器，清代文獻《台海使槎錄》記載屏東平原原住民使用弓琴的情形：「女及笄構屋獨居，番童有意者彈嘴琴逗之。琴削竹為弓，長尺餘，以絲線為絃……齩其背，爪其絃，自成一音，名曰突肉。意合，女出而招之同居，曰牽手。」弓琴演奏時，係將弦的上端頂住嘴，左手握住另一端，以手指壓住弓弦，控制聲調，再用右手指彈撥琴弦。

原住民的笛子通常為竹製，分為口吹與鼻吹兩種，也有單管與雙管之別。

口笛又可分為縱吹與橫吹，縱吹的口笛普遍見於各地原住民，阿美、卑南及鄒族另有橫吹的口笛。在泰雅族的傳統中，只有頭目或有勢力的人在與獵首有關的儀式中，才能吹口笛。

對現代人來講，用鼻孔吹笛子是很新鮮的事物，在傳統的排灣族部落，只有頭目家的男子才能吹奏鼻笛，而頭目過逝時，也會吹奏鼻笛表達哀思。

台灣中部原住民有一種很特殊的樂器，即日月潭邵族的杵棒。邵族人演奏杵樂時，使用的樂器有木杵與竹筒，每次使用的木杵大約有七、八支，另需三支長短不等的竹筒，演奏時，長短、輕重不同的木杵輪流撞擊石塊，應和著竹筒的敲擊聲。傳統的邵族祭典，只有女性才能參與擊杵。

本類圖片有十四張，圖片內容可以分為三部份，分別是弓琴、口簧琴的演奏及邵族的杵樂。

39　Music by Tsuou Savage, Formosa.　樂器ノ人舊族ウォツ（台灣）

演奏樂器的鄒族人

1912年2月中島重太郎攝，圖中人物係鄒族達邦社人，他們吹奏的樂器有口簧琴、鼻笛、口笛及弓琴。達邦社在今嘉義縣阿里山鄉。本張明信片約於1910年代，台北「生番屋商店」發行。

藏品編號：4264

（族ウォツ）女男るす奏を器樂

演奏樂器的鄒族達邦社男女

此圖人物係屬鄒族達邦社。
本張約於1920年代，在日本印製，台北「騰山寫真館」發行。

藏品編號：4262

演奏弓琴的布農族
Qanitoan社人
Qanitoan社屬於南投
縣的布農族巒社群，
本張約於1930年代發
行。
藏品編號：4265

卑南族的口簧琴與弓琴合奏
本張約於1920年代發行。
藏品編號：4260

吹奏口簧琴的排灣族婦女
本張是日本阪神電車主辦「香櫨園台灣生番種族展覽會」的紀念明信片，約於1910年代，日本「大阪鎮西支店」印行。
藏品編號：4503

吹奏口簧琴的泰雅族少女
本張約於1930年代發行。
藏品編號：4676

臺讚

Maids of the aborigines playing flutes of bamboo are black-complexioned, but they are said to be beautiful maids in a village.
TAIWAN

色が黑がい地番ぢやら美人と云れば村
の者でら胸羅ぜる竹笛る妙音。
月のどな開く哀調の曲ば番地特有
の風情へ色添でのもる。
●番地風俗●

妙なる笛の音

吹奏口簧琴的泰雅族少女

原圖說明：「這些膚色較深的番地村落美麗少女們，他們撼動人心的笛聲非常美妙。有時在月夜可以聽到他們演奏悲哀的曲子，這也為番地特有的風情增添風味。」本張約於1920年代發行。

藏品編號：4561

吹奏口簧琴的泰雅族
婦女
本張約於1920年代發
行。
藏品編號：4688

SAVAGE GIRLS PLAYING WITH THEIR MUSICAL INSTRUMENTS.

笛を吹くタロコ蕃婦

顏に刺文を施し、元始其のまゝの姿態で、他の首を取
ることを、唯一の名譽と心得て居たタロコ蕃し、今は只
管内地人に見習つて、朗らかなる家業に親しみ、情緒を
一管の蕃笛に托するころ床し。

吹奏口簧琴的泰雅族太魯閣群婦女

原圖說明：「在臉上有著刺青，仍保留著原始的風貌，他們到現在還是有獵首習俗的番族，對他們來說這樣便代表了名譽的太魯閣番人，現在正向內地人學習中，他們對傳統習俗也很有感情，而將情緒寄託於口笛的吹奏上。」

本張約於1920年代，在日本印製，由國立公園候補地「大太魯閣」宣傳協會及台北市「騰山寫真館」製作，「東台灣新報社代理部」販售。

藏品編號：4261

（行發會商岡赤）　MUSIC OF SAVAGE TAIWAN.　ち打杵樂音人蕃社水 （灣臺）

演奏杵樂的邵族水社婦女

二十世紀初期邵族，居住於日月潭畔，有六社五百多人其中包含水
社，1930年代日本人圍湖蓄水發電，被遷移至今德化社居住。本張約
於1920年代，台北「赤岡商會」發行。

藏品編號：4312

A charming Music by Savage pestlas, Formosa.

演奏杵樂的邵族婦女

本張約於1930年代，台北「生番屋商店」
印行。

藏品編號：4313

CLEANING CORN BY SAVAGES' WOMEN, TAIWAN.

演奏杵樂的邵族婦女

原圖說明：「海拔730公尺的高地，周圍被
群山環繞著，在寧靜的日月潭湖畔，番人搗
杵也算是一個名景。」本張約於1930年代
發行。

藏品編號：4315

THE FORMOSAN NATIVES & LAKE-JITSUGETSUTAN. 音の杵と潭月日 灣臺

演奏杵樂的邵族婦女

圖中船名為「紫丸」。本張約於1920年
代，由日本大阪神田原色印刷所印製，
「大阪商船株式會社」發行。

藏品編號：4320

演奏杵樂的邵族石印社婦女

邵族石印社原居日月潭光華島東南側，
1930年代日本人興藥發電廠，圍湖蓄水，
石印社人被迫遷至今德化社。本張圖片拍
攝的地點也許就是石印社未遷移前的居住
地。本張約於1920年代發行。

杵卜人美蕃化印石畔潭月日灣臺

原住民的日常生活

《第一篇》

六、飲酒與舞蹈

根據二十世紀初期日本人的調查，當時台灣的原住民喜好飲酒與吸煙。酒與煙草都是原住民自釀、自種。

原住民的酒是使用小米或稻米釀造，他們先用杵臼將浸泡過水的小米搗碎，傳統的製酒法是用口去嚼米糊，再吐到竹筒或大甕中，將其餘米糊置入，封蓋，大約經過一星期左右，就發酵成小米酒。

清代文獻《台海使槎錄》有兩段文字描述兩段原住民的飲酒習俗，一是：「飲酒不醉，興酣則起而歌、而舞。舞無錦繡被體，或著短衣、或袒胸背，跳躍盤旋，如兒戲狀；歌無常曲，就見在景作曼聲，一人歌，群拍手而和。」亦即飲酒之時，還伴隨著唱歌、舞蹈。

另一風俗是：「酒以味酸為醇。漢人至，則酌以待；歡甚，出番婦侑酒，或六七人、十餘人，各酌滿椀以進。客逐椀皆飲，眾婦歡然而退，懷前進者飲，後進者辭，遂分榮辱矣。客惟盡辭不飲為善。」換言之，原住民敬酒時，如對方不喝，可能會有得罪人之虞，清代漢人記下此類與原住民飲酒的經驗，大概是這些風俗會讓人印象深刻。

台灣原住民有一種共飲的習慣，即兩人共飲一杯酒，一人用左手，另一人用右手執杯。台灣南部的原住民族群，特別是排灣族，有一種木製菱形連杯，精雕細琢，只有貴族才能使用。

在祭祀、出草成功、婚姻、新居落成等場合，原住民均會飲酒、舞蹈，此時原住民盛裝打扮，如阿美族的豐年祭之類的慶典，最容易吸引外人的注意。

本類圖片有二十七張，其中飲酒圖片九張，大部份是兩人共飲的照片。其餘十八張是各族舞蹈的圖片，如泰雅族、鄒族、排灣族及阿美族等。

飲酒的泰雅族人

本張明信片約於1930年代發行。

藏品編號：4678

飲酒的泰雅族Rimogan社原住民

Rimogan社在今台北縣烏來鄉。本張約於1920年代，台北「赤岡兄弟商會」發行。

藏品編號：4271

With a jar of wine made of a coco-nut and wine-cups of bamboo, men of the aborigines are making their delightful carous. It is a very premitive scene, but it may be taken as the very intimate natural life.　　TAIWAN

飲酒的泰雅族人

原圖說明：「有個酒罐裝滿了酒，他們在一個快樂的宴會中　用椰子殼作成的酒袋盛滿他們最愛的新釀酒，用著青竹製造的酒杯，你一口、我一口的喝著，對他們來說，這是一種相互表示友好的饗宴。」本張約於1930年代發行。

藏品編號：4566

SAVAGAS OF FORMOSA.　　喬酒の人番

飲酒的泰雅族人

本張約於1920年代發行，在日本東京印製。

藏品編號：4768

宴酒　　　　　　　　　　族ウオツ（入蕃の鸞臺）

鄒族達邦社的酒宴
達邦社在今嘉義縣阿里山鄉，圖中人物正喝著小米釀造的酒。本張約
於1930年代發行。
藏品編號：4647

（阿里山）蕃人之踊

阿里山鄒族人的舞蹈
本張約於1920年代發行，有「昭和九年十月二十三日阿里山登山紀念」戳記。
藏品編號：4253

てけ慣を杯連　　　族ンワイパ（入蕃の鵞臺）

飲酒的排灣族人
本張約於1920年代發行。
藏品編號：4646

飲酒的魯凱族人
本張係照片。
藏品編號：4138

飲酒的排灣族人
本張約於1910年代發行，在日本印製。
藏品編號：4257

飲酒的排灣族恆春上群原住民
清代恆春半島的原住民被稱為「恆春番」，晚清官方以楓港港或獅子頭溪為界，將恆春番分為恆春上番與恆春下番，日本佔台後亦沿用此稱，後來改稱為「內文社」，指的是以內文（Caqovqovolj）社為首的區域社群。本張約於1920年代發行。
藏品編號：4267

泰雅族人的舞蹈

原圖說明：「原始的他們有一種微妙的音樂與舞蹈，這張是泰雅族番婦的舞蹈。」本張約於1920年代發行。

藏品編號：4587

（朝倉印行）　THE DANCE OF SAVAGE　台灣蕃人ノ舞踊

泰雅族人的舞蹈
本張約於1920年代，「朝倉商店」印行。
藏品編號：4255

55 By S.Y.　　　　踊 跳 族ルイヤタ

泰雅族人的舞蹈
本張約於1930年代發行，在日本印製。
藏品編號：4780

DANCING OF KURAS SAVAGES IN TAICHU.

臺中廳久冝栖社番人舞踊

泰雅族久良栖社人的舞蹈
久良栖社在今台中縣和平鄉，本張約於
1910年代發行，在日本東京印製。
藏品編號：4729

霧社泰雅族人的舞蹈
本張約於1930年代發行。
藏品編號：4671

り踊の蕃生（臺灣の蕃地風習）

原住民的舞蹈
本張約於1920年代發行。
藏品編號：4593

（行發屋田太）　　生蕃人ダンス

原住民的舞蹈
本張約於1920年代，「太田屋」發行。
藏品編號：4256

排灣族的舞蹈
本張係照片。
藏品編號：4133

排灣族的舞蹈

原圖說明：「今天稱為番族的是以前所謂的生番，另外還有熟番、化番。所謂的生番大概指的是泰雅族、阿美族、雅美族、排灣族和鄒族等七大種族。」本張約於1920年代發行。

藏品編號：4250

恆春地區排灣族的舞蹈

實寄片，有大正二年一月二十一日郵戳。本張在1913年以前，在日本印製，由恆春「岡野寫真館」發行。

藏品編號：4258

（族シワイパ）り踊

排灣族Kulalau社的舞蹈
排灣族Kulalau社，或寫作古樓社，在
今屏東縣來義鄉古樓村。
本張約於1920年代，在日本印製，台北
「滕山寫真館」發行。
藏品編號：4100

排灣族豬朥束社的舞蹈
明信片原題作台東馬蘭社的豐年祭舞蹈，
但應為排灣族豬朥束社的舞蹈。豬朥束社
在今屏東縣滿州鄉里德村，風景名勝佳洛
水即位在該地。本張約於1910年代發行，
在日本印製。
藏品編號：4241

44　　Savage of Formosa.　　り踊年豐人蕃社闌馬東台（灣台）

（アミ族） 馬蘭社蕃人の踊り
（臺東 小野寫眞館發行）

阿美族馬蘭社人的舞蹈

馬蘭社位在今台東市新生里。本張約於1930年代，台東「小野寫真館」
發行。

藏品編號：4254

170　(杉田見本張)　Dance of Savage.　臺灣生蕃の人踊り

阿美族人的舞蹈
本張約於1910年代，「杉田書店」發行。
藏品編號：4242

田村新成堂　DANCING FORMOSAN SAVAGES IN FULL DRESSES　盛裝せる蕃人の躍 (6)

盛裝的阿美族人舞蹈
本張約於1910年代，「田村新成堂」發行。
藏品編號：4244

No. 202　DANCE OF AMI TRIBE, FORMOSA.
アミ族番人の踊　勇壯な男性的な踊　足どりにつれて
腰の鈴が氣持よく鳴る　胸のスク樣な踊

阿美族人的舞蹈

原圖說明：「強壯男性的舞蹈，有時會互相交纏著對方的腳跳舞，腰上的鈴鐺會隨之舞動，發出好聽的聲音，像是要將心情釋放出來的舞蹈」。本張約於1930年代，台北「生番屋本店」印行。

藏品編號：4601

No. 200　SAVAGE DANCE BY AMI TRIBE, FORMOSA.
アミ族蕃人の踊り　アミ族獨特の髮飾　腰飾　半裸体で男らしく活潑に踊る

阿美族人的舞蹈

原圖說明：「阿美族獨特的髮飾、腰飾，舞蹈是由半裸體的男性活潑的跳著」。本張約於1920年代，台北「生番屋本店」印行。

藏品編號：4604

服飾與裝扮

一、織布機旁的婦女

台灣原住民在較早的時期，曾穿著用樹皮製作的衣服，不過到了二十世紀初期，他們的布料主要依賴麻布與獸皮，至於棉、毛線則是從漢人交易而來。

苧麻是各地原住民主要的衣服原料，從種植、採收、剝皮、曬乾、紡紗、絡紗、煮線、整理經線到織成方布等步驟，過程非常繁瑣，亦相當耗費時間、人力。

原住民製成麻線後，使用天然的植物或礦物染料，將麻線染成紅、黑、黃等顏色，再利用自製的織布機織布，學者稱這種織布機為「水平背帶織布機」，通行於東南亞一帶。

織布機最顯著的器形，是一木筒狀的木箱，寬約一百公分，通常使用樹幹鑿空而成，織布時，織布者利用腳踏木箱及腰部的木夾撐開經線。

由於人體的限制，這種織布機製造的布，其長度、寬度固定。布織成後，原住民使用簡單的縫製技術，將布製成上衣、裙、披肩等衣服式樣。

織布以泰雅族最為盛行，女子從小即參與剝麻、紡紗等工作，通常在十六、七歲時已能自行織布，女性如果織布技術精湛，往往能得到族人的讚賞。

除了布料外，居住山區的原住民如鄒族、布農族，亦裁製獸皮為衣，獸皮得自於鹿、羊、羌、豹、熊等動物，原住民獵得動物後，須經剝皮、張皮、括皮及揉皮的過程，有些族群還會將動物的頭蓋骨製成帽子。

本類圖片有二十二張，前三張是原住民紡線、整經線的圖片，第四張是製作背袋的情景，再來十六張是織布的過程，主要為泰雅族婦女工作的情形，最後兩張是原住民縫紉的圖片。

No. 297　A SWEET HOME OF LATE FORMOSA
樂しき家　　凡て番人には家
のは絕對にないらしいです　男は耕作　狩獵に　女は家事に
平和な生活を樂しんで居ます

紡線的泰雅族婦人

原圖說明：「平常的番人似乎不會有家族爭議。男性負責耕作、狩
獵，女性負責家事，快樂地過著平和的生活。」

植物纖維經過處理後，要將一根根的纖維，接在一起，再捻成線，此
時再使用圖片中的紡錘，藉由紡錘的旋轉力，將一段段的線捻緊。本
張明信片約於1920年代，台北「生番屋本店」印行。

藏品編號：4602

奏樂と取糸屋蕃（膠名社霧）

紡線的霧社泰雅族人
本張約於1930年代發行。
藏品編號：4674

台北蕃機業實況

整經線的泰雅族人
織布大略可分為兩個步驟，先是在圖中的
整經架上，排列各種顏色的麻線，然後再
移至織布機，加入緯線，織成布。本張約
於1910年代發行，有大正二年「明治紀
念拓殖博覽會」戳記。
藏品編號：4064

(複製許不) (2) Jod of Aborigines Woman, Formosa.
(五) (綱蕃生名一) ル作ヲ袋蕃生婦蕃族ンセリアツ蕃生灣臺

魯凱族婦人正在製作
背袋
本張約於1910年代發
行，在日本印製。
藏品編號：4146

181 (竹塹堂信義·緋) The Savage, Formosa 織機ノ人蕃生灣台

織布的阿美族婦人
本張約於1930年代，在日本印製，「鈴
木勇進堂」發行。
藏品編號：4062

織布的阿美族婦人
本圖係依據上張的圖像，重新描繪。約
於1930年代，在日本印製，台北「生番
屋本店」發行。
藏品編號：4580

（臺灣）プヌン族蕃人ノ機織 Weaving by Savagese Formosa.

Weaving by Tayal tribe Formosa

織機の人蕃生族ルャイタ灣臺

織布的婦人

原題有誤,應非泰雅族
婦人織布,依其衣著判
斷,可能是排灣族等台
灣南部原住民婦人織布
情景。本張約於1920年
代發行,在日本印製。

藏品編號:4063

織布的烏來泰雅族人

烏來社屬泰雅族屈尺群，位在今台北縣烏來鄉。本張約於1920年代發行。

藏品編號：4070

織機ノ女蕃イラウ　（博嘉）
WEAVING BY SAVAGE WOMAN
FORMOSA

織機婦蕃　（寫眞イラウ）

織布的烏來泰雅族人

本張約於1910年代發行。

藏品編號：4080

WEAVER OF SAVAGES MEN.
新竹州大溪郡ガオガン蕃婦ノ機業

織布的桃園泰雅族人
本張約於1920年代發行。
藏品編號：4066

織布的角板山泰雅族人
角板山在今桃園縣復興鄉。本張約於
1930年代，台北「生番屋本店」發行。
藏品編號：4069

織布の婦蕃社シユリリ澗裏
A SAVAGE WOMAN AT WEAVING, FORMOSA (其)

織布的泰雅族Ririyon社婦人
Ririyon社在今新竹縣尖石鄉玉峰村。本張約於1920年代，台北「新高堂」發行。
藏品編號：4072

織布的桃園泰雅族人
本張約於1910年代發行。
藏品編號：4067

織布的泰雅族人
本張約於1910年代，台北「藤倉商店」發行。
藏品編號：4068

哀韻切々として胸にせまる蕃歌を唱ひながら烈々たる陽光を浴びて蕃女は彼女達の晴衣を織る。昔は真裸だつた彼女達も此頃は美しい晴衣に身を飾る様になつた。

●蕃地風俗●

晴衣を織る

Women of the influenced aborigines weaving their best are seen in this picture. They who were stark necked in old days, hasve recently come to be proud in their best clothes.

TAIWAN

織布的霧社泰雅族人

原圖說明：「沐浴在強烈的陽光下，番婦邊唱著歌抒發著心中的情緒，邊紡織著他們的美麗衣服。以前都是裸露的狀態的她們，現在穿著美麗的衣服來裝飾自己。」本張約於1930年代發行。

藏品編號：4564

織布的泰雅族人
本張約於1920年代，在日
本東京印製，台北「新高
堂」發行。
藏品編號：4075

織布的霧社泰雅族人
本張約於1930年代發行。
藏品編號：4672

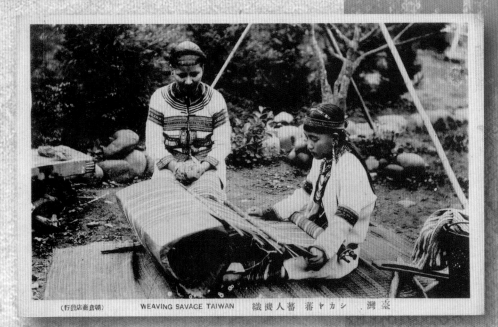

(朝倉商店發行) WEAVING SAVAGE TAIWAN 織機人蕃ヤカシ．灣臺

織布的泰雅族人
本張約於1920年代發行，「朝倉商店」發行。
藏品編號：4076

織布的泰雅族人
本張約於1920年代發行。
藏品編號：4078

織布ノ婦蕃ミア灣台

織布的泰雅族人

原圖說明：「天氣好的時候，番婦就會在廣場中開始精細的紡織，用特別的芋汁染出茶色的線。線本身的構成相當簡單，在紡織的時候，就是用這樣的道具將橫線織入。」本張約於1930年代，台北「生番屋本店」印行。

藏品編號：4065

（臺灣の蕃地風習） 蕃婦の針仕事

縫綴的婦女
本張約於1920年代發行。
藏品編號：4061

CUSTOMS OF SAVAGE TRIBE.

（61）（行發店書倉藤）　　所ル作ヲミア蕃地平族ミア東台

編製網袋的台東阿美族人
本張約於1910年代，台北「藤倉商店」發行
藏品編號：4140

服飾與裝扮

二、日常生活的服裝

台灣原住民的服飾有著各自的族群特色，也有一些共同點。原住民的服飾大致可分為日常與儀式穿著兩類。平常在家、農耕、打獵就穿著日常服裝，有節慶時則盛裝打扮。服飾又可分為衣服與飾品兩類。

原住民衣服的種類，主要有長衣、短衣、裙、後敞褲、帽、胸兜、套袖、護腿布、方布披肩等。

原住民的男子有時赤裸上身，下半身用布條圍繞腰部，打結垂於下部，或者用一片布遮蔽下部，有些則穿漢人式樣的褲子，一般是赤腳活動。頭頂可以戴帽子，如泰雅族男子戴藤編的帽子，或鄒族人戴皮製的帽子，或者用長條棉布裹頭，纏裹頭巾的習慣應是受漢人影響。

原住民上半身亦穿方布做成的衣服，這種上衣有長、有短、有袖或無袖，台灣北部的原住民的上衣一般無領、無扣，在胸前敞開，他們習慣在胸前戴一胸兜，用一塊方形布，斜折，繫於頸間，斜折處垂在胸前，可以用來放雜細物品，在上衣之外，另有方布披肩。

鄒族、布農族男子擅長鞣皮技術，利用皮革製成各種式樣的衣物，如皮帽、皮衣、皮褲、皮鞋、套袖等。

至於原住民女子的衣著亦與男子相仿，部份地區的女子有赤裸上身的習慣，下半部則用方布圍成裙。除赤裸上身外，亦用方布製成長短不等的上衣；另外，在二十世紀初期日本人拍攝的照片中，很多原住民女子也已穿上漢人式樣的衣服，如泰雅族婦女，在漢人樣式的衣服之外，披上傳統的方布披肩。至於頭部多半仍用深色棉布包裹，雙臂或穿上套袖，腿布則綁上護腿布。

除衣服外，台灣各地原住民，不分男女，身上均習慣佩帶裝飾物，如頭飾、耳飾、頸飾、胸飾、臂飾、手飾、腿飾等，這些飾品多以貝片、貝珠、獸牙、獸骨、玻璃珠、琉璃珠、金屬（如金、銀、銅）、各類絲線、竹材等製成。

台灣原住民各族的服飾會受相鄰族群的影響，如北部泰雅族與賽夏族的服飾頗為接近；布農族分布的範圍較廣，在高雄一帶，其服飾受排灣族的影響；而南部台灣的排灣、魯凱及卑南等族的服飾文化也相當類似。

本類圖片有二十六張，依族別排列，先後有泰雅、賽夏、邵、鄒、布農、排灣、阿美及達悟等族。

（行發店商倉藤）　女の人蕃社イラウ郡山文洲北台　（勝名北台）

台北泰雅族烏來社婦人

烏來社屬泰雅族屈尺群，在今台北縣烏來鄉。本張明信片約於1920年代，台北「藤倉商店」發行。

藏品編號：4286

泰雅族婦人

本張約於1920年代，在日本印製，台北「藤倉商店」發行。

藏品編號：4277

Trayai tribe savage. Formoe.　　(9)　　女の蕃生族ルイタ灣臺

泰雅族Hakawan社婦人

Hakawan社在今桃園縣復興鄉光華村。本張約於1920年代，台北「新高堂」發行。

藏品編號：4573

桃園泰雅族婦人

角板山在今桃園縣復興鄉。本張約於1930年代，台北「生番屋商店」發行。

藏品編號：4559

FAMALE SAVAGES IN FORMOSA.　臺灣桃園廳ガガンガ蕃姉

泰雅族Gaogan群婦人
本張約於1910年代，在日本
東京印製，台北「新高堂」
發行。

藏品編號：4428

宜蘭泰雅族Piyahau社男性

本張攝於1912年(明治45)5月7日東京帝國大學理科大學，攝影原版由
理科大學人類學教室收藏，明信片由日本「東京人類學會」發行。

藏品編號：4695

A Taiyal Warrior, Formosa.

（社クツリーテ廳園桃）子男種族ルヤイタ編臺

A Taiyal Youth, Formosa.

（社ウヘヤビ廳園宜）子男種族ルヤイタ編臺

桃園泰雅族Te-litsuku社男性

本張攝於1912年(明治45)5月7日東京帝國大學理科大學，攝影原版由
理科大學人類學教室收藏，明信片由日本「東京人類學會」發行。
Telitsuku社在今桃園縣復興鄉。

藏品編號：4531

人蕃漢南灣臺
SAVAGES IN FORMOSA. (55)

宜蘭泰雅族男性

本張約於1920年代，台
北「新高堂」發行。

藏品編號：4775

SAVAGES IN FORMOSA.

泰雅族老人

原圖說明：「雖然年紀很大了，但是仍很健壯，在很多地方也有溫和的一面，聽他說起自己的英勇事蹟依然令人覺得非常了不起。」本張約於1920年代，台北「生番屋本店」發行。

藏品編號：4525

泰雅族少女

本張約於1930年代，台東「小野寫真館」發行。

藏品編號：4727

97　　　　　男　　族トセッイサ

賽夏族男性

本張約於1930年代發行，在日本印製。

藏品編號：4548

85　男　族トセッイサ

賽夏族男性

賽夏族人的服飾頗受泰雅族影響，後來又逐漸漢化，圖中兩人下半身即穿漢人風格的褲子。上述兩張照片曾刊錄於1917年的《番族慣習調查報告書》第三卷，主要是用來說明賽夏族人的體貌，故分別拍攝人物的正、背及側面。這是日本人為了調查、研究原住民風俗所拍的照片，卻成為商業發行的明信片圖樣。本張約於1930年代發行，在日本印製。

藏品編號：4547

行發部賣販館灣臺會進共回十第　　女男幼老ノ蕃生

邵族原住民

本張約於1910年代，「第十回共進會台灣館販賣部」發行。

藏品編號：4782

GROUP OF ABORIGINES, KOTOGI.　（二十三）　合集人蕃岐頭紅

蘭嶼達悟族人
本張約於1920年代發行。
藏品編號：4757

人蕃ノ社邦達及社〔チララ〕（灣臺）

鄒族Lalatsi社及達邦社原住民

Lalatsi社或寫為流流紫社，屬特富野大社，今屬嘉義縣阿里山鄉來吉村。達邦社屬鄒族大社，下轄十一個小社，亦位在阿里山鄉。

本張約於1920年代，日本東京「平尾福祿堂」印製，台灣「同仁社」發行。

藏品編號：4538

鄒族婦人

本張約於1920年代發行。

藏品編號：4494

The Woman, in Barbarous man, of Formosa. 台灣生蕃蕃婦

（裂尾平田神）　　　（5.5）　SAVAGES OF THE CHIBURO TRIBE, FORMOSA.　　人蕃社嘮知

鄒族特富野大社原住民
本圖圖說文字「知嘮社番人」，其中知嘮應為知母勝之誤，乃漢人對鄒族特富野大社的稱呼。本張約於1910年代發行，日本東京印製。
藏品編號：4766

布農族男女
本張約於1920年代發行。
藏品編號：4569

ブヌン族男女　Manners of the savages, Formosa.

(5.1) BUONUN SAVAGES, FORMOSA. 族〔ムヌオウ〕蕃山高

布農族男性

本張約於1910年代發行。

藏品編號：4504

布農族人

本張約於1920年代發行，
「朝倉剝製所」印製。

藏品編號：4523

（朝倉剝製所製）　南蕃人男子の風俗

魯凱族兒童
本張約於1920年代發行，在日本印製。

藏品編號：4544

（製複許不）(2) boy of Aborigines, Formosa.
（四）童蕃族ンセリアツ蕃生灣臺

（製複許不）(2) Girl of Aborigines, Formosa.
（二）娘壽ノ服常族ンイワイパ蕃生灣臺

排灣族少女
本張約於1920年代發行，在日本印製。

藏品編號：4524

（森脇日進堂發行） SAVAGE WOMAN. （台東アミ族蕃婦（上衣ノ漢樣ヲ見ル）

台東阿美族婦人

本張約於1910年代，「森脇日進堂」發行。

藏品編號：4478

107（生番屋商店發行） Man and Wamen of Amis. （台灣）紅頭嶼アミ族ノ男女

阿美族男女

原題名有誤，依此圖男女服飾判斷，應為
阿美族人。本張約於1930年代，在日本印
製，台北「生番屋商店」發行。

藏品編號：4543

Y 142　台灣生蕃ア ミ族

阿美族男性

本張約於1920年代發行。

藏品編號：4693

(34) Aborigines, Formosa.　臺灣臺東附近生蕃人

服飾與妝表扮

三、儀式盛裝與階級表徵

原住民的服裝，除了日常穿著之外，另有一些服飾完全與禦寒、蔽體等生理功能無關，而是一種社會階級、特殊事功的表徵或儀式典禮的穿著。

泰雅族有種無袖短上衣，縫有白色紐扣、貝片，只有頭目或者曾獵取首級的勇士才能穿著，又如排灣族、魯凱族屬於嚴格的階級社會，只有貴族、頭目才能穿著某些衣物或繡上某些紋樣，如穿豹皮衣、戴琉璃珠等。所以，這些服飾都是階級性的穿著。

對一般人而言，參與儀式、慶典時，亦有儀式性的衣服，必須盛裝打扮。

原住民儀式性的服飾基本上仍是從平常服飾變化而來，如達悟族男子平常穿一短背心，下繫丁字布帶，有祭典時，則增加各種飾品，如頭目會戴上銀盔、胸掛銀片，女子則戴木製八角形禮帽或椰鬚帽。

排灣族頭目平常穿著對襟的長袖短上衣，下著單片裙，盛裝時，則加上一件雲豹皮製的無袖長上衣。鄒族男子平常戴皮帽，盛裝打扮時，則在帽上加上數根鷹、雉等鳥類的羽毛。

盛裝的服飾比平常服裝更繁複、豪華、誇張，加上更多、更貴重的飾品，如台灣南部排灣、魯凱、卑南各族男女的頭冠、額飾，使用植物花葉、金屬片、金屬鈴、琉璃珠、獸牙、鳥羽等，裝飾的極其精巧、華麗。

泰雅族有種綴滿珠子的衣、裙，這種珠衣、珠裙非常貴重，每件使用的貝珠可達數萬顆，單件珠衣的重量有兩、三公斤，泰雅族人拿來當做聘禮或交易的媒介。

本類照片有三十張，依族別排列，分別有泰雅、賽夏、排灣、卑南、阿美及達悟等族。

8 Beautiful girl of Taira tribe, Taipinozya.（蕃）タイヤル族美人
タイヤル族は美人の產地で優保美、桃娘美、ミスニツポンの
候補者が、らでございます

泰雅族婦女

本張明信片約於1920年代，台北「生番屋本店」印行。

藏品編號：4487

桃園泰雅族男性

圖中人物屬泰雅族大嵙崁群，指散居於淡水河上游大嵙崁溪的泰雅族
人，分布在今桃園縣復興鄉三民、羅浮一帶。本張約於1910年代發
行。

藏品編號：4694

（21）Taiwan. 男（蕃崁嵙大）族ルヤイタ園桃（灣臺）

タイヤル族男女　Manners of the savages, Formosa.

泰雅族男女

圖中男子頭戴藤帽，身穿
長上衣，這件衣服即是所
謂的珠衣，衣服中白色部
份由一粒粒的貝珠串成，
此一服飾顯示男子有頭目
或勇士之類的身份。本張
約於1920年代發行。

藏品編號：4087

泰雅族夫婦

原圖說明：「和睦的番人夫婦，在山野中耕種著，過著夫唱婦隨的和
樂生活。」本張約於1930年代，台北「生番屋本店」印行。

藏品編號：4633

(7)Formosa,Taiwan．婦（蕃社クツロト）族ルヤイタア（灣臺）

泰雅族婦女
本張約於1910年代發行。
藏品編號：4472

賽夏族大隘社頭目
Taro Yomaw及其親人
Taro娶泰雅族十八兒社
Maya Nokan為妻，右側
為Pi-Tai，是泰雅族十
八兒社頭目Baay-Bisu的
妹妹，亦嫁至大隘社。
本張約於1920年代發
行。
藏品編號：4571

サイセツト族男女　Manners of the savages, Formosa.

裝盛男族トセッイサ

裝盛男族トセッイサ

盛裝的賽夏族男性
本張約於1930年代發行，在日本印製。
藏品編號：4550

盛裝的鄒族男女
本張約於1920年代發行，
有「昭和七年九月十日阿
里山登山紀念」戳記。
藏品編號：4619

(57) （赤岡商會發行）　Custom of Foromsa.　ブヌン蕃人盛裝

盛裝的排灣族人

本張圖片與下一張有兩位人物相同，應為
同一場景所拍，唯本張題名誤謂是布農族
人，唯依其服飾，似為排灣族人。本張約
於1920年代，台北「赤岡商會」發行。

藏品編號：4516

盛裝的排灣族人

本張約於1920年代，台北「赤岡商會」發
行。

藏品編號：4555

(8) （赤岡商會印行）　Barbarians in full dress, Formosa.　臺東蕃人盛裝

排灣族三地門社夫婦

原圖說明：「（已獲得高雄要塞司令部許可　地帶模第五九號昭和十四年五月八日）這兩位是村裡最漂亮的男女，在手上握著的弓是一種勇氣的象徵，太太的頭髮上裝飾著閃亮亮的金飾，不論在哪裡都有著女性的感覺。」三地門社在今屏東縣三地門鄉，本張約於1930年代發行。

藏品編號：7858

盛裝的頭目女兒

本張約於1920年代，高雄市「山形屋」發行。

藏品編號：4533

盛裝的排灣族人
本張係照片。
藏品編號：4136

No. 203 GIRLS OF PAIWAN TRIBE FORMOSA.
パイワン族の娘達 〜 これから踊らうと集つた娘の群 香氣
の高い花や葉で飾りたてゝ居ます

排灣族Kulalau社的少女們

原圖說明：「為了舞蹈而聚集的少女們，用著芬芳的花與葉子裝飾著
自己」，Kulalau社在今屏東縣來義鄉古樓村。本張約於1930年代，台
北「台灣物產館」發行。

藏品編號：4246

盛裝的排灣族人

原圖說明：「Raval酋長的女兒　不論什麼時候都唱著歌的美麗番族少女，在鏡頭前滿身飾品的盛裝打扮，倚靠在中庭的藤椅上，那是種不用想太多就能了解的美貌」。Raval可能指Raval大社，在今屏東縣三地門鄉大社村，本張約於1930年代發行。

藏品編號：4568

万斑を凝して

A beautiful virgin is intimately looked in the aborigines region. This photo-graph shows such a virgin in gala dress.
TAIWAN

臺灣

私のヴラ夫きんの長の娘──一と番頭の盛りメの方々るけ消身盛飾の装で
と々で歌ひたゞ、やうな

●蕃地風俗●

盛裝的排灣族人
本張約於1920年代發行。
藏品編號：4505

臺灣生蕃イパイゝ族正裝セル蕃婦

(738) Aborigines woman, Formosa. 臺灣生蕃イパイゝ族盛裝ノ蕃婦

盛裝的卑南族人
明信片原題寫作排灣族婦人，但依其服飾，應為卑南族人。本張約於1920
年代發行。
藏品編號：4496

盛裝的卑南族人
本張 約於1910年代，
「山田日進堂」發行。
藏品編號：4474

（山田日進堂發行）　COSTOMS OF SAVAGE TRIBE.　臺灣卑南蕃人盛裝

盛裝的卑南族人

卑南社在今台東市南王里，本張約於1910年代發行。

藏品編號：4488

臺東風景ノ内　卑南社蕃人ノ正裝　Aborigines in full dress.

（行發店書井坂）　CUSTOMS OF SAVAGE TRIBE.　裝盛蕃生下廳東台

盛裝的卑南族男子

本張約於1910年代發行。

藏品編號：4486

（行發店商林町寶街東台）　裝正ノ人蕃族マユプ廳東台

盛裝的卑南族人
本張約於1920年代，在
日本印製，台東街寶町
「林商店」發行。
藏品編號：4182

（行發堂進日田山）CUSTOMS OF SAVAGE TRIBE. 179 男族マユピ（灣臺）

卑南族男性
本張約於1910年代，「山
田日進堂」發行。
藏品編號：4199

盛裝的阿美族馬蘭社
人
馬蘭社在今台東市新生
里。本張約於1930年
代，台東「小野寫真館」
發行。
藏品編號：4348

（族ミア） 裝盛の人蕃社蘭馬
（行發館眞寫野小 東臺）

DANCING OF SAVAGE MEN. 花蓮港附近生蕃人ノ踊リ

盛裝的花蓮阿美族人
本張約於1910年代發行。
藏品編號：4247

(61) (赤岡商會行) Custom of Formosa. 花蓮港昭下蕃婦

花蓮的阿美族婦人
本張約於1920年代，台北「赤岡商會」
發行。
藏品編號：4252

盛裝的阿美族里漏社男女

這是阿美族成年禮中的盛裝打扮，男子頭戴大羽毛冠，羽毛須選擇白色鳥羽，耳朵戴白色耳飾，可能用貝殼製成，頸飾是由長方形貝殼或獸骨製成，腰部以下有白色流蘇裙、紅色後敝褲等。女子亦戴冠，係先綁上黑色頭巾，再加上銀幣裝飾的額帶，插上花朵或銀釵，胸前有小珠子串成的多條胸飾，腰部及腿部均有流蘇。阿美族里漏社在今花蓮縣吉安鄉化仁村。本張約於1920年代發行。

藏品編號：4454

盛裝せるアミ族男女　Manners of the savages, Formosa.

Y 139.　台灣生蕃盛裝ノ行列

盛裝的阿美族青年

本張約於1920年代發行。

藏品編號：4248

Y 135　台灣アミ族盛裝蕃丁

盛裝的阿美族青年

本張約於1920年代發行。

藏品編號：4249

盛裝的達悟族人

雅美族今已改稱達悟族，圖中人物頭戴銀製頭盔，胸佩銅片，手持刀，是達悟族男子參加儀式時的盛裝打扮。本張約於1930年代發行，在日本印製。

藏品編號：4772

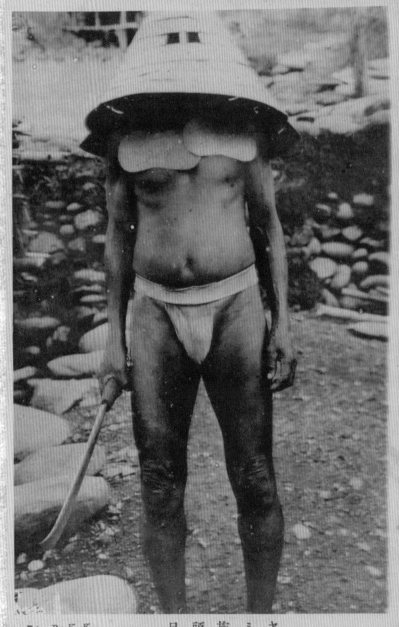

79 By K.K.　ヤミ族頭目

（35）人蕃族ミヤ嶼頭紅（灣臺）

蘭嶼達悟族人

1911年8月佐佐木舜一所攝，左側男子穿甲冑、戴藤帽，中間的男子則戴銀盔、金屬製胸飾，婦女胸前則戴玻璃珠或瑪瑙珠串成的珠鍊，手上有銀手鐲，其中一位婦女戴著禮帽。本張約於1930年代發行，在日本印製。

藏品編號：4576

第一篇

服飾與裝扮

四、紋面、穿耳及拔牙

台灣原住民使用很多的飾品如獸牙、珠串、銅鈴來裝扮自己，同時，又有一種裝飾習慣——對身體的「毀飾」來表達美感、榮耀等文化意涵，毀飾的形式主要有紋身、拔牙及穿耳等。

紋身可以說是最受外人注目的習俗，十七世紀末的文獻《裨海紀遊》即載：「斗尾岸番　既盡文身，復盡紋面，窮奇極怪，狀同魔鬼。」這斗尾岸番可能是指泰雅族人，女子亦紋身，故謂「番女繞唇吻皆刺之。」

台灣的泰雅、賽夏、排灣、魯凱、鄒及卑南等六族有紋身的習俗，刺紋的部位幾乎包含全身上下，不過，只有泰雅族與賽夏族在臉部施紋。

紋身不僅是為了求美觀，還有識別身份的意義，如泰雅族男性青年要參加過獵首的行動，女子要能織出一片布，才能紋面，也象徵已經成年，可以結婚。而不同社群的施紋方式亦可作為社群間的識別依據。

紋面有專門的人來施作，通常是女性，世代傳襲此一技術，紋面後，受紋者的父母會贈與酒、牲畜、鍋鼎等物，作為酬勞。

紋身通常在冬天舉行，一方面，天氣冷，傷口不易化膿，二方面，農閒時期，家人可以看護。以泰雅族為例，紋面時，紋面師使用木棒，棒上釘有金屬針六支或更多，將木棒按於施紋處，用木槌輕敲，皮膚受紋處即滲血，紋面師將流出的血拭去，抹上黑色鍋灰。紋面的成敗，以色澤是否濃亮為準，墨色鮮明，會被認為是美女，若認為色澤不佳，會進行第二次、第三次的施紋。

日本亦有紋身的風俗，但在十九世紀日本政府開始禁止人民紋身，佔領台灣後，台灣總督府在1913年下令禁止「北蕃刺墨」，北蕃指的是泰雅族。日本人認為泰雅族紋面的習俗與出草有關連，因為男性獵得人首才可紋面，於是日本在征服原住民部落的同時，也沒收紋面工具，逐步禁止紋面、出草等習俗，另一方面則推動原住民兒童教育，希望從思想層面根絕此一傳統。

泰雅族紋面的習俗大概在1940年代逐漸滅絕，甚至早在1910年代，已有人施行外科手術去除紋面的例子。

台灣原住民又有穿耳的習俗，《裨海紀遊》載：「男子競尚大耳，於成童時，向耳垂間各穿一孔，用篠竹貫之，日以加大，有大如盤，至於垂肩撞胸者。」亦即原住民在兒童時期即穿耳，用竹棒貫穿，以大耳為美。

泰雅、布農及鄒族另有拔齒的習慣，男女在某個年歲時，拔去左右門牙或犬齒，這種習俗同樣具有美觀、部族判別及成人等象徵。

本類圖片共有十五張圖片，前三張記載紋面過程，接著有十一張為紋面、穿耳的泰雅族男女，最後一張是拔牙的圖片。

6　Tatooing by Savages, Formosa
男子と未婚者は額とアゴに
刺墨をします併し故

正在紋面的泰雅族人

原圖說明：「男性和未婚者在額頭及下巴、已婚婦女從嘴巴到耳朵都
有刺青，但是最近這種惡習最近已經被禁止了。」

1915年一月森丑之助所攝，這是泰雅族太魯閣群的Tarowan社（在南投
縣仁愛鄉）少女正接受紋面的情景，在圖片右下方有盛裝顏料的容器與
裝有刺針的木棒。本張明信片約於1930年代，由台北「生番屋本店」
印行。

藏品編號：4753

正在紋面的泰雅族Parlan社人
Parlan社在今南投縣仁愛鄉
本張約於1920年代，在日本印製，「騰山寫真館」發行。
藏品編號：4098

正在紋面的泰雅族人
本張約於1910年代發行。
藏品編號：4092

Ataiyal trive Formosa 男の蕃生族ルヤイタア灣臺

紋面的霧社泰雅族婦人

圖中人物，依其紋面形式，應為泰雅族女性，原題誤謂為男性。本張
約於1920年代發行。

藏品編號：4636

紋面的泰雅族婦人

本張約於1920年代，在日本印製，台北「藤倉商店」發行。

藏品編號：4638

A Female Savage of Trive Formosa. 女の人蕃生灣臺

タイヤル族の女　　Manners of the savages, Formosa.

霧社的泰雅族婦人
本張約於1920年代發行。
藏品編號：4530

No. 214　SAVAGE WOMAN OF TAIYAL TRIBE, FORMOSA
タイヤルの蕃婦
の女房と言ふ所でしようかネ

紋面的泰雅族道澤群婦人

原圖說明：「受到她們很豐盛的招待，就像自己的妻子一樣也說不定
呢。」道澤群指分布於南投縣仁愛鄉精英、春陽村及花蓮縣卓溪鄉立
山、崙山等村的泰雅族人。本張約於1920年代，台北「生番屋本店」
印行。

藏品編號：4528

10 Beautiful girl of Taroko Savage, F...........(臺灣) タロコ蕃の美少女
名勝タロコ峽の奧に住...........純情神の樣なものです

紋面的泰雅族太魯閣
群婦人
原圖說明：「在名勝太
魯閣峽深處居住的可憐
少女們，有著非常純潔
如同神一般的表情。」
本張約於1920年代，台
北「生番屋本店」印
行。
藏品編號：4489

紋面的泰雅族婦人

原圖說明：「從口到身的紋墨，最近這樣的情形已漸漸減少。」本張約於1920年代，台北「生番屋本店」印行。

藏品編號：4491

紋面的泰雅族婦人

本張約於1920年代，在日本印製，台北「山一」發行。

藏品編號：4502

紋面的泰雅族婦人

原圖說明：「某天早上，老師在學校的教
室發現了一位老先生。『喂！Taroru的爺
爺來這裡做什麼？』『因為Taroru生病了，
所以我代替他來上課。』對這位爺爺來
說，學校教育比待在田裡工作還辛苦吧可
以看到番人天真的一面。」本張約於1920
年代發行，在日本印製。

藏品編號：4015

VIEW OF PICTURESQUE SPOT TAIWAN.

A TAIYAL TRIBE IN FORMOSA.　（五十二）族ルヤイタ女男社ンガモレ坑深

紋面的泰雅族Remogan社男女

Remogan社在今台北縣烏來鄉福山
村，圖片右側男性有紋面、穿耳。
本張約於1910年代發行。

藏品編號：4436

紋面、穿耳的泰雅族太魯閣群婦人
本張約於1930年代，在日本印製，「鈴木勇進堂」發行。

藏品編號：4438

紋面、穿耳的泰雅族屈尺群的婦女
本張約於1910年代，「杉田書店」發行。
藏品編號：4124

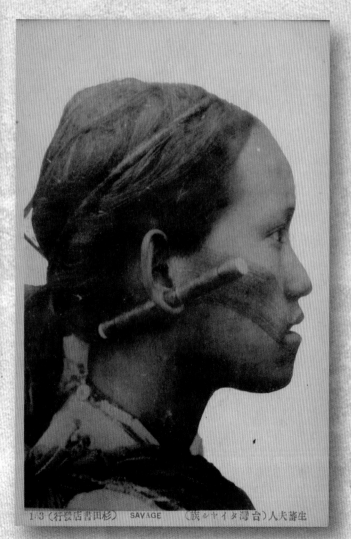

（拔齒の實景（ブヌン族））

布農族Bakulas社人的拔牙情景

圖中人物以木棍綁住麻繩，繩的另一端繫住某顆牙齒（側門牙）。Bakulas社屬南投縣布農族卓社群。本張約於1920年代，在日本印製，台北「騰山寫真館」發行。

藏品編號：4094

消逝的家族人物身影

《第三篇》

攝影圖像展現的內容多半與物質文化有關，本書中的圖片顯示的多半是台灣原住民武器、家屋、服飾、工藝品的外形、種類等等，對於這些器物，不同時代或相異族群的人比較容易了解；但是對於本類圖象中合照的人物來說，他們彼此間究竟有著什麼樣的關係，似乎難以言說，他們可能是同一家族或親族，或者同一漁團、獵團，甚至只是攝影者臨時的安排。

本類圖片有十八張，很多圖片中有成年的男女與兒童合照，可以推測這也許是某些原住民家庭的合照，由於兒童沒有特殊技藝，通常不事生產，往往引不起當時攝影者的注意，但在這些家族性質的合照中，兒童因為是家中成員，成為了影像中的一份子，讓我們見識到百年前原住民兒童的模樣。

本書共收集了四百餘張原住民的圖像，編輯的目的，不僅是對台灣原住民過去生活的回顧，也希望能了解歷史中的原住民面貌，也許這一代的原住民朋友可以在這些圖象中，重新去思考所謂的傳統，找尋出族群的新活力。

讀者不宜視原住民文化如同博物館中靜態的展示，在時空變動中，一成不變；本書中的圖像也只是一時的產物，這些圖像存在於二十世紀上半葉，與十九世紀或更早的原住民祖先傳統已有不同，更與現代二十一世紀的原住民生活相異。

由於時代、文化背景的隔閡，本書並不試圖去詮釋那一個時代的原住民生活，只是希望蒐集一張張老舊的圖像，透過這些圖像，吸引讀者們的注意；更希望一張張老舊的圖像，能夠層層疊疊出某一時代的原住民影像，即使是局部的，卻是珍貴、難以再現的影像。

當我們凝視著這些昏黃的圖像時，圖像中的人物彷彿也看著我們，超越時空、族群與語言。就像是家裡的老相簿，歡迎親朋好友來觀賞。

202　Fromosan of Natives.　　　人蕃社イラウ（灣台）

烏來的泰雅族人

烏來社屬泰雅族屈尺群，在今台北縣烏來鄉。本張明信片約於1910年
代發行，在日本印製。

藏品編號：4350

2　Kusshaku savages of Taiyaru tribe, Farmosa.　(臺灣)　タイヤル族屈尺蕃
臺北に最も近い處に住む蕃人、順從に勤勉に働いて居ます

烏來的泰雅族人

原圖說明：「住的離台北最近的番人，勤勉並服從的工作著。」日本人所說的「屈尺番」，在清代稱為「馬來番」，指散居於新店溪支流南勢溪流域的泰雅族人，大約在今台北縣烏來鄉烏來、福山一帶。本張約於1920年代，台北「生番屋本店」印行。

藏品編號：4268

（台灣）　角板山蕃人　*Formosa Natuis.*

桃園角板山的泰雅族人

角板山在今桃園縣復興鄉。本張約於1930年
代，在日本印製，「生番屋」發行。

藏品編號：4113

桃園角板山的泰雅族人

甲(角)板山在今桃園縣復興鄉。本張約於
1920年代，台北「赤岡商會」印行。

藏品編號：4106

（台北赤岡商會印行）　EARBARIANS KAPPANSAN　台灣蕃人風俗　甲板山蕃

（藤倉商店發行） 古浮ガオガン族生蕃 （古北名勝）

桃園角板山的泰雅族人
本張圖片中的人物與上張相同，應是同一
時間所拍。本張約於1920年代，台北「藤
倉商店」發行。
藏品編號：4290

新竹州八カワシ社蕃人
SAVAGES IN SHINCHIKU PREFECTURE, FORMOSA. (46)

泰雅族Hakawan社原住民
Hakawan社在今桃園縣復興鄉光華村。本
張約於1920年代，台北「新高堂」發行。
藏品編號：4270

26　THE SAVAGES OF FORMOSA.　臺灣ガォガン蕃族の一家

泰雅族Gaogan群的原住民
本張約於1920年代，在日本東京印製，台
北「新高堂」發行。
藏品編號：4112

SAVAGES OF TATSUTAKA, FORMOSA.　臺灣立鷹の蕃人

泰雅族人
本張約於1920年代，在日本東京印製，台
北「新高堂」發行。
藏品編號：4430

泰雅族人
本張約於1920年代，台北「新高堂」發行。
藏品編號：4105

泰雅族久良栖社人
久良栖社在今台中縣和平鄉。本張約於
1930年代，「生番屋商店」發行。
藏品編號：4470

泰雅族人

本張約於1910年代發行，在日本東京印製。

藏品編號：4418

宜蘭南澳的泰雅族人

本張約於1920年代，在日本東京印製，

台北「新高堂」發行。

藏品編號：4120

人蕃社ホラカ州竹新
SAVAGES IN SHINCHIKU PREFECTURE, FORMOSA. (66)

泰雅族人
本張約於1920年代，台
北「新高堂」發行。
藏品編號：4116

（台灣）　ブヌン族生蕃　The Savages, Formosa.

布農族人

1906年4月森丑之助攝，原圖為黑白照片，圖中右側兩位婦女身著漢人
式樣的衣服，其餘仍穿傳統服飾。本張約於1930年代，在日本印製，
台北「生番屋」發行。

藏品編號：4452

(70)　Formosa, Taiwan.　　族家一の蕃生　（臺灣）

鄒族家族
本張約於1910年代發行。
藏品編號：4416

（台灣）ルカイ蕃ブダイ社蕃人ノ男女ニシテ後方ノ樹木ハ榕樹ナリ　Savage of Formosa

魯凱族Budai社原住民

霧台(Budai)社在今屏東縣霧台鄉霧台村，是魯凱族最大的部落。

本張約於1930年代，在日本印製，台北「生番屋」發行。

藏品編號：4108

原住民家族

原題謂是阿美族人，不過依其服飾判斷，似是排灣族人。本張約於1920年代發行，在日本印製。

藏品編號：4109

Savage familly of Ami trive, Fomosa.　・　一臺灣アミ族生蕃の人家族

343 (行發堂進勇木鈴) Puian Natives Rinto 族一ノ人蕃レタプト投林

台東的阿美族人

圖中人物屬台東地區的阿美族人，阿美族人會依自己的年齡階級，穿戴合適的
服裝與飾品，圖中站立的兩位男性戴帽、佩刀、披掛肩帶，屬於成年階級，中
間婦人則是老年階級。

本張約於1930年代，在日本印製，「鈴木勇進堂」發行。

藏品編號：4110

第一篇《原住民的日常生活》　一、變動中的農業耕作

藏品編號	原件題名中譯	印刷年代	發行者／印刷地點	推測族別	備註
4014	台灣生番阿美族老婦外出耕作	約1910年代	-- ／在日本印製	阿美族	圖中婦人背負籠子，籠中有汲水用的竹筒，口銜煙斗，據說婦人準備到旱田裡挖掘芋頭。
4144	台灣生番排灣族番婦出外耕作	約1920年代	--	排灣族	
4790	桃園廳番人播種陸稻	約1920年代	-- ／在日本印製	泰雅族	
4003	新竹州大溪郡Gaogan番人在小米田除草	約1920年代	--	泰雅族	Gaogan番，或譯為卡奧幹，文獻上寫作合歡群、高崗群，主要分布在桃園縣復興鄉一帶。
4012	生番採收小米	約1920年代	南里商店發行／在日本東京神田印製	泰雅族	
4004	番人採摘稻穗	約1910年代	-- ／神田平尾製	泰雅族	
4005	新竹州大溪郡角板山Habun社番人在農事指導所耕種水田	約1920年代	--	泰雅族	Hapun社，今稱合流，位在桃園縣復興鄉。
4589	番人的耕作	約1920年代	--	--	
4009	新竹州大溪郡角板山社番人正在接受水田耕作的指導	約1920年代	--	泰雅族	角板山在今桃園縣復興鄉。
4006	番人種田(台北州)	約1920年代	--	泰雅族	
4621	番人在田裡除草	約1920年代	--	鄒族	有「昭和七年九月十日阿里山登山紀念」戳記
4001	番人的水田耕作	約1930年代	台北台灣物產館發行／--	泰雅族	
4007	台灣生番(農夫與水牛)	約1920年代	台中棚邊書店發行／--	泰雅族	本張係實寄片
4592	原住民房屋與平常吃的玉蜀黍	約1920年代	--	布農族	
4013	台灣生番人的農產展	約1920年代	台北藤倉商店發行／在日本印製	排灣族	依據圖中人物服飾，似為排灣族人。圖中上層木架擺有小米，中層有芋頭。
4002	鳳梨	約1920年代	台北生番屋本店印行／--	排灣族	

二、清晨的搗米時刻

藏品編號	原件題名中譯	印刷年代	發行者／印刷地點	推測族別	備註
4022	台灣Ebaho社番婦搗米	約1920年代	台北新高堂發行／在日本東京神田印製	泰雅族	Ebaho社可能係指桃園縣復興鄉的Ebopou社。
4024	台灣Gaogan番婦搗米	約1920年代	台北新高堂發行／	泰雅族	實寄片，Gaogan番，或寫作合歡群，主要分布在桃園縣復興鄉一帶。
4031	新竹州Kiyo社番人搗米	約1920年代	台北新高堂發行／	泰雅族	
4033	台灣Ririyon社番人搗粟餅	約1920年代	-- ／在日本印製	泰雅族	Ririyon社在新竹縣尖石鄉玉峰村
4025	台灣泰雅族番婦搗粟	約1920年代	-- ／在日本印製	泰雅族	
4023	台灣Baron社番婦搗米	約1920年代	台北新高堂發行／在日本東京神田印製	泰雅族	
4036	Marikowan番人	約1930年代	新竹犬塚商店發行／在日本印製	泰雅族	Marikowan群指居住於南投縣仁愛鄉力行村與新竹縣尖石鄉玉峰村一帶的泰雅族人。
4680	霧社番人搗粟	約1930年代	--	泰雅族	
4027	搗粟的少女們(泰雅族)	約1920年代	台北騰山寫真館發行／在日本印製	泰雅族	此圖人物係屬泰雅族Masitoban社(今稱瑞岩社，在今南投縣仁愛鄉發祥村)。
4032	搗粟	約1920年代	--	泰雅族	
4034	泰雅族番婦搗粟	約1930年代	台北生番屋商店發行／--	泰雅族	

藏品編號	原件題名中譯	印刷年代	發行者／印刷地點	推測族別	備註
4028	日月潭化番搗粟	約1930年代	--	--	
4610	番人搗粟	約1920年代	--	邵族	
4615	日月潭化蕃的由來	約1920年代	--	邵族	
4622	番人的家屋與搗粟米	約1920年代	--	鄒族	有「昭和七年九月十六日阿里山登山紀念」戳記
4018	排灣族番婦搗粟	約1920年代	台南小出書籍部發行／--	排灣族	
4016	台灣生番排灣族的番婦搗粟	約1920年代	--	排灣族	
4135	--	--	--	排灣族	本張係照片圖像。
4594	番人搗粟	約1920年代	--	排灣族	此張圖片的人物盛裝打扮，搗小米的地點選在掛滿獸類頭蓋骨的架子前，這種場景似乎是攝影者特意安排，而不是原住民平常的習慣。
4021	拿著杵的番婦	約1920年代	--／在Wakayama印製	排灣族	
4562	閒適的春音	約1930年代	--／大正	排灣族	
4030	台東番社婦女搗粟	約1910年代	藤倉書店發行／在日本東京神田的Sekishindo印製	排灣族	1905年9月森丑之助所攝，圖中乃排灣族Tokubun社婦女春搗小米的情景，左側是他們的住家，右前方是穀倉。Tokubun社在今屏東縣三地門鄉德文村。
4026	台灣阿美族番婦搗粟	約1920年代	--	阿美族	

三、製陶與汲水

藏品編號	原件題名中譯	印刷年代	發行者／印刷地點	推測族別	備註
4139	阿美族婦女製作陶器	約1920年代	台北生番屋本店印行	阿美族	
4099	製作壺的女性(阿美族)	約1920年代	台北騰山寫真館發行／在日本印製	阿美族	此圖係阿美族Kalimagali社婦人製作陶器的情景。
4649	汲水的阿美族女性	約1930年代	／大正	阿美族	此圖人物屬阿美族奇密社(在今花蓮縣瑞穗鄉奇美村)。
4057	阿美族婦女汲水	約1920年代	台北生番屋本店發行／--	阿美族	
4059	台灣花蓮港廳里漏社的番婦與住宅	約1920年代	台北赤岡商會發行／--	阿美族	里漏社在今花蓮縣吉安鄉化仁村。
4060	花蓮港附近番人的風俗	約1910年代	--	阿美族	此張照片人物與上張相同，但取景角度略異。
4052	生番的風俗	約1920年代	--	--	
4053	台灣生番排灣族人汲水	約1910年代	在日本印製／--	排灣族	
4054	因為缺乏飲用水，所以指揮生番用竹筒汲水而登山的情形	約1910年代	--	--	
4056	番人風俗	約1920年代	--	泰雅族	

四、用手與匙吃飯

藏品編號	原件題名中譯	印刷年代	發行者／印刷地點	推測族別	備註
4712	生番鑽木取火	約1910年代	第十回共進會台灣館販賣部／--	排灣族	
4038	Tarakaasu番生活(以燒芋作為食物)	約1920年代	台北赤岡商會印行	--	
4044	烏來社番人與住家	約1910年代	--／在日本印製	泰雅族	用餐中的小孩，有的用傳統的木匙，有的使用碗、筷。烏來社屬泰雅族屈尺群，在今台北縣烏來鄉。

藏品編號	原件題名中譯	印刷年代	發行者／印刷地點	推測族別	備註
4281	番人吃飯	約1930年代	台北生番屋本店印行	泰雅族	
4048	新竹州大溪郡Gaogan番社及番人吃飯	約1920年代	--	泰雅族	
4115	開滿櫻花的霧社(樹下是吃飯的番人)	約1920年代	--	泰雅族	
4045	霧社番人吃飯	約1920年代	台北赤岡商會發行／--	泰雅族	
4041	台灣太魯閣生番吃飯	約1920年代	台北藤倉商店發行／在日本印製	泰雅族	
4595	番人正在吃飯與飲酒	約1920年代	--	泰雅族	
4046	Bunun族生番	約1920年代	台北赤岡商會發行／--	布農族	
4591	番人吃飯	約1920年代	--	排灣族	
4049	番人吃飯	約1920年代	大正/在Wakayama印製	排灣族	
4565	快樂的一家人	約1930年代	大正／--	排灣族	
4040	臺灣生番Paiyaru社番人在吃飯	約1920年代	大石順天堂／在日本東京的新商堂印製	排灣族	
4042	右：排灣族番婦在製作生番袋 左：吃飯的番人	約1920年代	--	排灣族	本張圖片與上一張是在同一場景所攝，被拍的人相同，只是動作略異。
4102	一家團圓的吃飯(排灣族)	約1920年代	台北騰山寫真館發行／在日本印製	排灣族	Kulalau (古樓)社在今屏東縣來義鄉古樓村。
4134	--	--	--	排灣族	本張係照片圖像。圖中人物係排灣族三地門社(在今屏東縣三地門鄉)
4050	啊，吃的真飽	約1920年代	台北生番屋本店製／--	布農族	

五、傳達情意的音樂演奏

藏品編號	原件題名中譯	印刷年代	發行者／印刷地點	推測族別	備註
4264	鄒族番人的音樂	約1910年代	生番屋商店發行／--	鄒族	1912年2月中島重太郎攝，圖中人物係鄒族達邦社人，他們吹奏的樂器有口簧琴、鼻笛、口笛及弓琴。達邦社，在今嘉義縣阿里山鄉。
4262	演奏著樂器的男女(鄒族)	約1920年代	台北騰山寫真館發行／在日本印製	鄒族	此圖人物係屬鄒族達邦社。
4265	布農族人演奏著弓琴	約1930年代	大正／	布農族	此圖人物係屬布農族 Qanitoan 社人。
4260	台灣番人的口簧琴合奏	約1920年代	--	--	本張圖片左側吹弓琴者背有一攜物袋，背帶繫有錢幣，依其服飾，似是卑南族人的裝扮。
4503	排灣族婦女穿著正式服裝吹著口簧琴	約1910年代	日本大阪鎮西支店印行	排灣族	阪神電車主辦「香櫨園台灣生番種族展覽會」紀念。
4676	桃花旁邊的美女正吹奏著口簧琴(tobo)	約1930年代	--	泰雅族	
4561	美妙的笛音	約1920年代	大正／	泰雅族	
4688	番婦吹奏樂器	約1920年代	--	泰雅族	
4261	太魯閣番婦吹奏口笛	約1920年代	國立公園候補地「大太魯閣」宣傳協會，台北市勝山寫真館調製，東台灣新報社代理部販售／在日本印製	泰雅族	
4312	水社番人以杵敲打作為音樂	約1920年代	赤岡商會發行／--	邵族	二十世紀初期邵族有六社五百多人，居住於日月

藏品編號	原件題名中譯	印刷年代	發行者／印刷地點	推測族別	備註
					潭畔，其中包含水社，1930年代因日本人圍湖蓄水發電，遷移至今德化社居住。
4320	台灣日月潭與杵樂	約1920年代	大阪商船株式會社／大阪神田原色印刷所	邵族	圖中船名為「紫丸」。
4313	杵樂	約1930年代	生番屋商店／--	邵族	
4315	日月潭番人搗杵	約1930年代	大正／--	邵族	
4316	台灣日月潭湖畔石印化番的美人與杵	約1920年代	--	邵族	邵族石印社原居日月潭光華島東南側，1930年代日本人興築發電廠，圍湖蓄水，石印社人被迫遷至今德化社。本張圖片拍攝的地點也許就是石印社未遷移前的居住地。

六、飲酒與舞蹈

藏品編號	原件題名中譯	印刷年代	發行者／印刷地點	推測族別	備註
4678	番人的酒宴	約1930年代	--	泰雅族	
4271	Rimogan 生番人飲酒	約1920年代	赤岡兄弟商會發行／--	泰雅族	Rimogan 社在今台北縣烏來鄉
4768	番人飲酒	約1920年代	--／在日本東京神田印製	泰雅族	
4566	你一口 我一口	約1930年代	大正／--	泰雅族	
4647	鄒族酒宴	約1930年代	大正／	鄒族	此圖人物係屬鄒族達邦社(在今嘉義縣阿里山鄉)，正喝著小米釀造的酒。
4138	--	--	--	魯凱族	本張係照片圖像。
4646	排灣族用連杯喝酒	約1920年代	大正／	排灣族	
4257	台灣生番排灣族用連杯在飲酒	約1910年代	--／在日本印製	排灣族	
4267	台灣排灣族恆春上番平時穿著的衣服(祝盃)	約1920年代	--	排灣族	清代恆春半島的原住民被稱為恆春番，晚清官方以楓港港或獅子頭溪為界，將恆春番分為恆春上番與恆春下番，日本佔台後亦沿用此稱，後來改稱為「內文社」，指的是以內文(Caqovqovolj)社為首的區域社群。
4587	番婦的舞蹈(泰雅族)	約1920年代	--	泰雅族	
4255	台灣番人的舞蹈	約1920年代	朝倉商店印行	泰雅族	
4780	泰雅族的舞蹈	約1930年代	--／在日本印製	泰雅族	
4729	台中廳久良栖社番人舞蹈	約1910年代	--／日本東京神田印製	泰雅族	久良栖社在今台中縣和平鄉。
4671	舞蹈中的霧社婦人	約1930年代	--	泰雅族	
4253	番人的舞蹈	約1920年代	--	鄒族	有「昭和九年十月二十三日阿里山登山紀念」戳記
4593	生番的舞蹈	約1920年代	--	魯凱族	
4256	生番的舞蹈	約1920年代	太田屋發行／--	魯凱族	
4133	--	--	--	排灣族	本張係照片圖像。
4250	番人的舞蹈	約1920年代	大正／	排灣族	
4258	台灣南端恆春支廳的番人舞蹈	約1910年代	恆春岡野寫真館發行／在日本印製	排灣族	實寄片，有大正二年一月二十一日郵戳。
4100	舞蹈(排灣族)	約1920年代	台北勝山寫真館發行／在日本印製	排灣族	本張圖片中的人物係屬排灣族 Kulalau 社，在今屏東縣來義鄉古樓村。

藏品編號	原件題名中譯	印刷年代	發行者 / 印刷地點	推測族別	備註
4241	台東廳馬蘭社番人豐年祭舞蹈	約1910年代	-- / 在日本印製	排灣族	
4254	馬蘭社番人的舞蹈(阿美族)	約1930年代	台東小野寫真館發行 / --	阿美族	馬蘭社在今台東市新生里。
4244	盛裝番人的舞蹈	約1910年代	田村新成堂發行 / --	阿美族	
4242	台灣番人的舞蹈	約1910年代	杉田書店發行 / --	阿美族	
4601	阿美族番人的舞蹈	約1930年代	台北生蕃屋本店印行	阿美族	
4604	阿美族番人的舞蹈	約1920年代	台北生蕃屋本店印行	阿美族	

第二篇 《服飾與裝扮》 一、織布機旁的婦女

藏品編號	原件題名中譯	印刷年代	發行者 / 印刷地點	推測族別	備註
4602	快樂的家族	約1920年代	台北生蕃屋本店印行	泰雅族	
4674	在番屋前捻線與吹奏樂器	約1930年代	--	泰雅族	
4064	台北番織業的實況	約1910年代	--	泰雅族	
4146	台灣生番Tsuarisen族番婦製作生番袋(又稱生番網)	約1910年代	-- / 在日本印製	魯凱族	
4062	台灣生番人用織布機織布	約1930年代	鈴木勇進堂發行 / 在日本印製	阿美族	
4580	布農族番人用織布機織布	約1930年代	生番屋發行 / 在日本印製	阿美族	本圖係依據上張的圖像，重新描繪
4063	台灣泰雅生番人用織布機織布	約1920年代	-- / 在日本印製	--	原題有誤，應非泰雅族婦人織布，依其衣著判斷，可能是排灣族等台灣南部原住民婦人織布。
4070	烏來番婦用織布機織布	約1920年代	--	泰雅族	烏來社屬泰雅族屈尺群，在今台北縣烏來鄉。
4080	番婦用織布機織布	約1910年代	--	泰雅族	
4069	角板山番人用織布機織布	約1930年代	生番屋商店發行 / --	泰雅族	角板山在今桃園縣復興鄉。
4066	新竹州大溪郡 Gaogan番婦用織布機織布	約1920年代	--	泰雅族	
4067	桃園泰雅族用織布機織布	約1910年代	--	泰雅族	
4072	台灣 Ririyun 社番婦用織布機織布	約1920年代	台北新高堂發行 / --	泰雅族	Ririyon 社在今新竹縣尖石鄉玉峰村
4068	台灣泰雅族的番婦用織布機織布	約1910年代	藤倉商店發行 / --	泰雅族	
4075	番婦用織布機織布	約1920年代	台北新高堂發行 / 在日本東京神田印製	泰雅族	
4564	紡織美麗布料的女性	約1930年代	大正 / --	泰雅族	
4672	番婦用織布機織布	約1930年代	--	泰雅族	
4076	台灣 Sikaya 番人用織布機織布	約1920年代	朝倉商店發行 / --	泰雅族	Sikaya 番可能指居住在大甲溪上游的泰雅族人。
4065	用織布機織布	約1930年代	台北生蕃屋本店印行	泰雅族	
4078	台灣阿美族番婦織布	約1920年代	--	泰雅族	
4061	番婦的縫紉工作	約1920年代	--	--	
4140	台東阿美族平地番製作Ami 的地方	約1910年代	藤倉書店發行 / --	阿美族	

二、日常生活的服裝

藏品編號	原件題名中譯	印刷年代	發行者 / 印刷地點	推測族別	備註
4286	台北州文山郡烏來社女性	約1920年代	藤倉商店發行 / --	泰雅族	烏來社屬泰雅族屈尺群，在今台北縣烏來鄉。
4559	角板山番婦(正搬運重物)	約1930年代	生番屋商店發行 / --	泰雅族	角板山在今桃園縣復興鄉。

4573	新竹州Hakawan社番婦	約1920年代	台北新高堂發行 / --	泰雅族	Hakawan 社在今桃園縣復興鄉光華村。
4428	台灣桃園廳Gaogan番婦	約1910年代	台北新高堂發行 / 在日本東京神田印製	泰雅族	
4531	台灣泰雅族男子 (桃園廳Telitsuku社)	約1912年	東京人類學會發行 / --	泰雅族	攝於明治四十五年五月七日東京帝國大學理科大學,原版理科大學人類學教室收藏,Telitsuku社在今桃園縣復興鄉。
4695	台灣泰雅族男子(宜蘭廳Piyahau社)	--	--	泰雅族	
4775	台灣南澳番人	約1920年代	台北新高堂發行 / --	泰雅族	
4727	太魯閣番少女(泰雅族)	約1930年代	台東小野寫真館發行 / --	泰雅族	
4525	泰雅族老人	約1920年代	台北生番屋本店發行 / --	泰雅族	
4277	泰雅族番婦	約1920年代	台北藤倉發行 / 在日本印製	泰雅族	
4548	賽夏族男性	約1930年代	-- / 在日本印製	賽夏族	
4547	賽夏族男性	約1930年代	-- / 在日本印製	賽夏族	
4782	男女老少的番人	約1910年代	第十回共進會台灣館販賣部發行 / --	邵族	
4538	Lalatsi社及達邦社番人	約1910年代	台灣同仁社發行 / 東京神田平尾福祿堂製	鄒族	Lalatsi 社或寫為流流紫社,屬特富野大社,今屬嘉義縣阿里山鄉來吉村。達邦社屬鄒族大社,下轄十一個小社,亦位在阿里山鄉。
4766	知嘮社番人	約1910年代	神田平尾製 / --	鄒族	本圖圖說記為「知嘮社番人」,知嘮應為知母勝(tibulau)之誤,乃漢人對鄒族特富野大社的稱呼。
4494	台灣生番番婦	約1910年代	--	鄒族	
4569	布農族男女	約1920年代	--	布農族	
4504	高山番(布農族)	約1910年代	--	布農族	
4523	南番男子的風俗	約1920年代	朝倉剝製所製 / --	布農族	
4544	台灣生番 Tsuarisen 族的番童	約1910年代	-- / 在日本印製	魯凱族	
4524	台灣生番排灣族穿著平常服裝的少女	約1910年代	-- / 在日本印製	排灣族	
4478	台東阿美族番婦(可見其上衣的式樣)	約1910年代	森脅日進堂發行 / --	阿美族	
4693	台灣生番阿美族	約1920年代	--	阿美族	
4698	台灣台東附近生番人	約1910年代	--	阿美族	
4543	紅頭嶼雅美族的男女	約1930年代	生番屋商店發行 / 在日本印製	阿美族	原題名有誤,依此圖男女服飾判斷,應為阿美族人。
4757	紅頭嶼番人	約1910年代	--	達悟族	

三、儀式盛裝與階級表徵

藏品編號	原件題名中譯	印刷年代	發行者 / 印刷地點	推測族別	備註
4487	泰雅族美人	約1920年代	台北生番屋本店發行 / --	泰雅族	
4694	桃園泰雅族(大科崁番)男性	約1910年代	--	泰雅族	大科崁番指散居於淡水河上游大科崁溪的泰雅族人,分布於今桃園縣復興鄉三民、羅浮一帶。
4087	泰雅族男女	約1920年代	--	泰雅族	圖中男子頭戴藤帽,身穿長上衣,這件衣服即是所謂的珠衣,衣服中白色部份由一粒粒的貝珠串成,此一服飾顯示男子有頭目或勇士之類的身份。

藏品編號	原件題名中譯	印刷年代	發行者／印刷地點	推測族別	備註
4633	番人夫婦	約1930年代	台灣生番屋本店印行	泰雅族	
4472	泰雅族(Torotsuku番社)婦女	約1910年代	--	泰雅族	
4571	賽夏族大隘社頭目Taro Yomaw及其親人	約1920年代	--	賽夏族	
4550	盛裝的賽夏族男性	約1930年代	-- ／在日本印製	賽夏族	
4619	盛裝的番人男女	約1920年代	--	鄒族	有「昭和七年九月十日阿里山登山紀念」戳記
4516	盛裝的布農族番人	約1920年代	赤岡商會發行 ／--	排灣族	本張圖片與下一張有兩位人物相同，應為同一場景所拍，唯本張題名誤謂是布農族人，依其服飾，似為排灣族人。
4555	盛裝的台東番人	約1920年代	赤岡商會發行 ／--	排灣族	
7858	三地門社番人	約1930年代	大正 ／--	排灣族	
4533	台灣生番頭目女兒的盛裝	約1920年代	高雄市山形屋發行 ／--	排灣族	
4136	--	--	--	排灣族	本張係照片圖像。
4246	排灣族 Kulalau 社少女們	約1930年代	台北台灣物產館發行 ／--	排灣族	
4568	盛裝的美人	約1930年代	大正 ／--	排灣族	
4505	台灣生番排灣族盛裝的番婦	約1920年代	--	排灣族	
4496	台灣生番排灣族盛裝的番婦	約1920年代	--	卑南族	
4474	台灣卑南番人的盛裝	約1910年代	山田日進堂發行 ／--	卑南族	
4488	卑南社番人的盛裝	約1910年代	--	卑南族	卑南社在今台東市南王里。
4486	台東廳生番的盛裝	約1910年代	--	卑南族	
4182	台東廳卑南族番人的盛裝	約1920年代	台東街寶町林商店發行 ／在日本印製	卑南族	
4199	卑南族男性	約1910年代	山田日進堂發行 ／--	卑南族	
4348	馬蘭社番人的盛裝(阿美族)	約1930年代	台東小野寫真館發行 ／--	阿美族	馬蘭社在今台東市新生里。
4252	花蓮港廳番婦	約1920年代	赤岡商會發行 ／--	阿美族	
4454	盛裝的阿美族男女	約1920年代	--	阿美族	
4247	花蓮港附近生番婦人的舞蹈	約1910年代	--	阿美族	
4249	台灣阿美族盛裝的番丁	約1920年代	--	阿美族	
4248	台灣生番盛裝的行列	約1920年代	--	阿美族	
4772	盛裝的達悟族人	約1930年代	-- ／在日本印製	達悟族	
4576	紅頭嶼雅美番人	約1930年代	-- ／在日本印製	達悟族	

四、紋面、穿耳及拔牙

藏品編號	原件題名中譯	印刷年代	發行者／印刷地點	推測族別	備註
4753	番人的紋身手法	約1930年代	台北生番屋本店印行	泰雅族	
4098	紋身的情形(泰雅族)	約1920年代	騰山寫真館發行 ／在日本印製	泰雅族	
4092	生番的紋身	約1910年代	--	泰雅族	
4636	台灣泰雅族生番男性	約1920年代	--	泰雅族	圖中人物，依其紋面形式，應為泰雅族女性，原題誤謂為男性。
4638	台灣生番婦人	約1920年代	台北藤倉發行 ／在日本印製	泰雅族	
4530	泰雅族的女性	約1920年代	--	泰雅族	

4528	泰雅族的番婦	約1920年代	台北生番屋本店印行	泰雅族	
4489	太魯閣番的美少女	約1920年代	台北生番屋本店印行	泰雅族	
4015	番人風俗	約1920年代	-- / 在日本印製	泰雅族	
4491	泰雅族的老番婦	約1930年代	台北生番屋本店印行	泰雅族	
4436	深坑 Remogan 社男女	約1910年代	--	泰雅族	Remogan 社在今台北縣烏來鄉福山村，圖片右側男性有紋面、穿耳。
4502	台灣美麗的番婦	約1920年代	台北山一發行 / 在日本印製	泰雅族	
4438	台東廳(太魯閣番女)	約1930年代	鈴木勇進堂發行 / 在日本印製	泰雅族	
4124	生番婦人(台灣泰雅族)	約1910年代	杉田書店發行 / --	泰雅族	
4094	拔牙的實況(布農族)	約1920年代	台北騰山寫真館發行 / 在日本印製	布農族	布農族 Bakulas 社人的拔牙情景，圖中以木棍綁住麻繩，繩的另一端繫住某顆牙齒(門牙或側門牙)。Bakulas 社屬南投縣布農族卓社群。

第三篇　《消逝的家族人物身影》

藏品編號	原件題名中譯	印刷年代	發行者 / 印刷地點	推測族別	備註
4350	台灣烏來社番人	約1910年代	-- / 在日本印製	泰雅族	烏來社屬泰雅族屈尺群，在今台北縣烏來鄉。
4268	泰雅族屈尺番	約1930年代	台北生番屋本店印行	泰雅族	
4113	角板山番人	約1930年代	生番屋發行 / 在日本印製	泰雅族	角板山社在今桃園縣復興鄉。
4106	甲板山番	約1920年代	台北赤岡商會印行	泰雅族	甲(角)板山社在今桃園縣復興鄉。
4290	台灣 Gaogan 族生番	約1910年代	藤倉商店發行 / --	泰雅族	本張圖片中的人物與上張相同，應是同一時間所拍。
4270	新竹州 Hakawan 社番人	約1920年代	台北新高堂發行 / --	泰雅族	Hakawan 社在今桃園縣復興鄉光華村。
4112	台灣 Gaogan 番族一家人	約1920年代	台北新高堂發行 / 在日本東京神田印製	泰雅族	
4430	台灣立鷹的番人	約1920年代	台北新高堂發行 / 在日本東京神田印製	泰雅族	南投縣仁愛鄉境內有立鷹山，圖中原住民應屬此地之泰雅族人。
4105	台灣 Kinrou 社番人	約1920年代	台北新高堂發行 / --	泰雅族	
4470	(台中州)久良栖社番人	約1930年代	生番屋商店發行 / --	泰雅族	久良栖社在今台中縣和平鄉。
4418	--	約1910年代	在日本東京神田印製 / --	泰雅族	
4120	台灣南澳番人	約1920年代	台北新高堂發行 / 在日本東京神田印製	泰雅族	
4116	新竹州 Karaho 社番人	約1920年代	台北新高堂發行 / --	泰雅族	
4452	Bunun族生番	約1930年代	生番屋發行 / 在日本印製	布農族	1906年4月森丑之助攝，原圖為黑白照片，圖中右側兩位婦女身著漢人式樣的衣服，其餘仍穿傳統服飾。
4416	生番一家人	約1910年代	--	鄒族	
4108	魯凱番 Budai 社番人男女，後方的樹木為榕樹	約1930年代	生番屋發行 / 在日本印製	魯凱族	霧台(Budai)社在今屏東縣霧台鄉霧台村，是魯凱族最大的部落。
4109	台灣阿美族生番的家族	約1920年代	-- / 在日本印製	排灣族	原題謂是阿美族人，不過依其服飾判斷，似是排灣族人。
4110	林投樹與 Putan番人家族	約1930年代	鈴木勇進堂發行 / 在日本印製	阿美族	

《參考書目》

專著

千千岩助太郎，《台灣高砂族の住家》，台北：南天書局，1960。

王嵩山，《阿里山鄒族的歷史與政治》，台北：稻鄉出版社，1990。

王嵩山，《當代台灣原住民的藝術》，台北：國立台灣藝術教育館，2001。

瓦歷斯‧諾幹撰稿，《泰雅影像紀錄展專輯》，豐原：台中縣立文化中心，1995。

日本順益台灣原住民研究會編，《伊能嘉矩收藏台灣原住民影像》，台北：順益台灣原住民博物館，1999。

台灣總督府臨時台灣舊慣調查會原著；中央研究院民族學研究所編譯，《番族慣習調查報告書 第一卷，泰雅族》，台北：中央研究院民族學研究所，1996。

台灣總督府臨時台灣舊慣調查會原著；中央研究院民族學研究所編譯，《番族慣習調查報告書 第二卷，阿美族、卑南族》，台北：中央研究院民族學研究所，2000。

台灣總督府臨時台灣舊慣調查會原著；中央研究院民族學研究所編譯，《番族慣習調查報告書 第三卷，賽夏族》，台北：中央研究院民族學研究所，1998。

台灣總督府臨時台灣舊慣調查會原著；中央研究院民族學研究所編譯，《番族慣習調查報告書 第四卷，鄒族》，台北：中央研究院民族學研究所，2001。

成田武司編，《台灣生蕃種族寫真帖：附理蕃實況》，台北：成田寫真製版所，1912。

阮昌銳，《台灣土著族的社會與文化》，台北：台灣省立博物館，1994。

阮昌銳等著，《文面、鯨首、泰雅文化：泰雅族文面文化展專輯》，台北：國立台灣博物館，1999。

李天送、李建國、翁立娃著，《阿媽的織布箱——布農的家》，台北：浩然基金會，2001。

李莎莉，《台灣原住民衣飾文化：傳統、意義、圖說》，台北，南天書局，1998。

林修澈，《台灣原住民史賽夏族史篇》，南投：台灣省文獻會，2000。

胡家瑜主編，《道卡斯新港社古文書》，台北市：台灣大學人類學系，1999。

馬騰嶽，《雅族文面圖譜》，台北：著者刊行，1998。

陳奇祿，《台灣排灣群諸族木彫標本圖錄》，台北：台灣大學考古人類學系，1961。

陳奇祿，《台灣土著文化研究》，台北：聯經出版公司，1992。

淺井惠倫、笠原政治、楊南郡等編，《台灣原住民族映像：淺井惠倫教授攝影集》，台北：南天書局，1995。

許木柱、廖守臣、吳明義撰稿，《台灣原住民史-阿美族史篇》，南投：台灣省文獻委員會，2001。

移川子之藏、馬淵東一、宮本延人等著，《台灣高砂族系統所屬の研究》，東京：凱風社，1988。

黑澤隆朝，《台灣高砂族の音樂》，東京：雄山閣，1973。

童春發等撰文，《高砂春秋：台灣原住民之文化藝術》，台北：立虹出版社，1996。

曾振名等著，《台大人類學系伊能藏品研究》，台北：國立台灣大學出版中心，1998。

森丑之助原著、楊南郡譯註，《生蕃行腳：森丑之助的台灣探險》，台北：遠流出版社，2000。

喬宗忞，《台灣原住民史魯凱族史篇》，南投市：台灣文獻委員會，2001。

湯淺浩史編，《瀨川孝吉台灣原住民族影像誌　鄒族篇》，台北：南天書局，2000。

鈴木秀夫編，《台灣蕃界展望》，台北：理蕃之友發行所，1935。

廖守臣，《泰雅族的社會組織》，花蓮：慈濟醫學暨人文社會學院，1998。

劉其偉編，《台灣土著文化藝術》，台北：雄獅圖書公司，1986。

鄧相揚，《邵族風采》，南投：交通部觀光局日月潭國家風景區管理處，2000。

戴嘉玲編譯，《 Formosa 原住民寫真 & 解説集》，台北：前衛出版社，2000。

謝世忠編著，《台灣原住民影像民族史：賽夏族》，台北：南天書局，2002。

藤島亥治郎著，詹慧玲編校，《台灣的建築》，台北：台原出版社，1993。

Arthur Hacker, Bob Davis, and Ian Buruma, Historic Postcards of Hong Kong, Hong Kong: Stock House Productions, 1989.

論文

何廷瑞，〈台灣土著諸族文身習俗之研究〉，《國立台灣大學考古人類學刊》，15/16卷。

張瑞德，〈想像中國—— 倫敦所見古董明信片的圖像分析〉，收於《二十世紀的中國與世界國際學術研討會論文集》(台北：中央研究院近代史研究所，2000)。

張旭宜，〈台灣原住民出草慣習與總督府的理蕃政策〉，國立台灣大學歷史學研究所碩士論文，1995，未刊。

葉神保，〈排灣族caqovoqovolj(內文)社群遷徙與族群關係的探討〉，國立東華大學族群關係與文化研究所碩士論文，2002，未刊。

鄭惠美，〈花蓮南勢阿美族服飾研究〉，輔仁大學織品服裝研究所碩士論文，1997，未刊。

國家圖書館出版品預行編目資料

世紀容顏：百年前的臺灣原住民圖像／國家圖
　書館特藏組編；陳宗仁主編. -- 初版. --
　臺北市：國家圖書館，民92
　　冊；　公分. -- (臺灣記憶系列；1-2) (國家
圖書館藏老明信片選粹)
　內容：上冊:頭目、勇士及傳統工藝；下冊:
日常生活、服飾、家族人物
　參考書目：面
　ISBN 957-678-390-9 (上冊：精裝). -- ISBN
957-678-391-7 (下冊：精裝)
　1. 明信片 2. 臺灣原住民 - 歷史 - 日據時期
(1895-1945) 3. 臺灣原住民 - 社會生活與風俗
557.644　　　　　　　　　　　　92021688

世 紀 容 顏 (下)

百 年 前 的 台 灣 原 住 民 圖 像：
日 常 生 活 、 服 飾 、 家 族 人 物

發 行 人：莊芳榮
編　　者：國家圖書館特藏組
主　　編：陳宗仁
助理編輯：林佳慧
出 版 者：國家圖書館
　　地址：100台北市中山南路二十號
　　電話：02-23619132
　　傳真：02-23826986
　　網址：http://www.ncl.edu.tw
出版年月：中華民國九十二年十二月
　　　　　初版一刷
開本印製：12開(20×21公分)
工 本 費：新台幣參佰元整
展 售 處：各政府出版品展售書局
　　網址：http://books.nat.gov.tw
美術設計：王行恭設計事務所
　　電話：02-27080389
印刷裝訂：漢大印刷股份有限公司
　　電話：02-2955-5282
ISBN　957-678-391-7
GPN　1009204289